# 光の剣

## 遥かなる過去世への旅

スピリチュアル・セラピーで〈からだ〉の力を取り戻す

クリスチアン・タル・シャラー［著］
Dr Christian Tal Schaller

浅岡夢二［訳］
Yumeji Asaoka

ハート出版

光の剣・遥かなる過去世への旅

# はじめに

## 目に見えない世界への旅

しばらく前から、アメリカにおける医療思想の分野にとても大きな変化が現われ始めました。それは、ある有名新聞の編集長であるノーマン・カズンズが、強直性脊椎炎にかかったことに端を発しました。当時、この病気に対しては、抗炎症剤のコルチゾンと痛み止めによる治療を行なうのが普通でした。しかし、医者たちから、この病気が一生治らず、しかもその間ずっと薬を飲み続けなければならない、と告げられたノーマン・カズンズは、現代西洋医学による治療を断念し、別の道を探すことにしました。

友人たちが来てくれて、自分を笑わせてくれるたびに病状がやわらぐことに気づいていたカズンズは、もしかするとこの病気は笑いによって治せるのではないか、と考えました。病院を出たカズンズは、ホテルに部屋を取ると、面白い本を読む、面白いマンガやビデオを見る、といったあらゆる方法を使って笑い続けました。そして、驚くべきことに、数週間後にはこの奇妙な療法のおかげで病気がすっかり治ってしまったのです。その経緯を『笑いと治癒力』という本にまとめて出版すると、たちまちベストセラーとなり、薬物によらないその特異な治療法に興味を抱いた医者たちから何千通もの手紙が送られてきました。

そして、なんと、ロサンゼルスの有名な大学から、医学部の教授のポストが提供されたのです（医者の資格を持たない人間が医学部の教授になったのは史上初めてのことでした）。将来医者になる若者たちに、心のあり方と健康の関係について講義してもらいたい、ということだったのです。こうして精力的な研究が開始され、今日《こんにち》では精神神経免疫学と呼ばれている、精神状態と身体の関係を探る学問が新たに作られたのです。その結果、ある感情や精神状態が、脳の内部においてホルモンや神経伝達物質を作り出し、あらゆる細胞に影響を与える、ということが分かりました。

私たちが笑うたびに脳内ではエンドルフィンが作り出されるわけですが、このエンドルフィンこそ生体内で作られるモルヒネに他ならないのです。だから私たちは笑うととても幸せになるのです。しかし、脳は、エンドルフィンだけでなく、医者たちが処方箋に書き込むほとんどすべての薬と同じものを自分で作り出しているということ、さらに非合法とされているドラッグに相当する物質さえも作り出しているということが明らかになったのでした。

私たちは笑うことによってマリファナやヘロインを作り出しているのです。これは革命的な発見でした。なぜなら、それは、一人ひとりの人間が、自分の脳という素晴らしい器官を使うことにより、自ら医者やシャーマンになって自分自身を癒《いや》すことができる、ということだからです。この研究によって、感情を管理するあらゆる手法が生み出され、そのおかげで私たちは感情にかられて他者を攻撃することから解放され、また自分の感情を抑圧する必要もなくなったのです。

感情を解放することだけが、無料の脳内麻薬を作り出す手段なのではありません。それ以外にも、〈変性意識状態〉に入ることによって私たちは脳内麻薬を作り出すことができるのです。〈変性意識状態〉というのは、脳波がアルファ波からさらにゆっくりとした脳波に移ってゆく時に現われる状態で、左脳の働きが沈静化して右脳が活性化された状態でもあります。

左脳とは、知性、理性、論理、分析をつかさどる脳の左半球で、右脳とは、直観、夢、そして〈内なる旅〉（これは〈シャーマンの旅〉とも呼ばれ、物質的世界とは別にある、目に見えない世界に旅をすることです）をつかさどる脳の右半球です。右脳の機能に関する研究は新たな医学の誕生へと道を開きました。こうした新しい医療における指導者の一人、ラリー・ドッシー博士は、『魂の再発見――聖なる科学をめざして』の中で、医療の未来は科学とスピリチュアリティの統合にある、という見解を示しています。博士は、祈り、瞑想、夢、そして直観などが、癒しのプロセスにおいて重要な影響を与える、ということを実験に基づいて明らかにしました。

博士によれば、医学はここ数十年のあいだに次の三つの段階を通過してきた、ということになります。まずは伝統的な西洋医学、次いで、精神神経免疫学に基づいた心身医学、さらに、右脳の驚異的な能力を通して霊的な次元にダイレクトに踏み込んでゆくスピリチュアルな医学、という三段階です。医学は、それまでの物質還元主義的な古い方法論から解放され、二一世紀以降は人間の四つの〈体〉、つまり〈物質体〉、〈感情体〉、〈精神体〉、〈霊体〉に基づいたものとなるでしょう。そうした医学を、ギリシャ語で〈全体〉をあらわす〈ホロス〉という言葉から作られた形容詞を使って〈ホリスティック医学〉と呼んでいます。

ノーベル賞を受賞したジョン・エクレスを含む大学者たちは、人間の意識が、肉体つまり脳から独立して存続しうることを認めています。

大ベストセラーとなった『聖なる絆』の中で、小児科医のメルヴィン・モース博士は、数多くの一流の研究者の研究に基づいて、私たちの記憶が、脳内に局在しているのではなく非物質的な次元に広がっている、ということを論証しています。博士によれば、私たちは、右脳の側頭葉を通じて普遍的なデータバンク（インドの伝統では、それは〈アカシック・レコード〉と呼ばれています）にアクセスすることができる、ということです。そして、その結果スピリチュアルな世界ともコンタクトできる、というのです。

始めの頃、メルヴィン・モース博士は重体に陥って臨死体験をした子どもたちの研究をしました。それから、過去世への退行を研究し始めました。これはアメリカの大学の教授たちによる研究が盛んに行なわれている領域で、超心理学者たちも量子物理学者たちも同じ結論に達しています。その結論はこうです。「人間は、単なる物質的存在ではなくて、同時に霊的存在でもある。いや、むしろ、まずなによりも霊的存在なのである」

メルヴィン・モース博士はさらに次のようにも言っています。「今後の課題は、私たちもまた、神秘家やヒーラー、そして臨死体験をした子どもたちが行なったこと――つまり理性的な左脳と霊的な右脳の統合――を、なし遂げることである」

物質的世界と霊的世界の関係をよりよく理解するために、ここで一つの例をあげてみましょう。今、一人の人が池の中に入っており、水がくるぶしのところまで達していると考えてください。水の中に足を入れている人物が魂、つまり霊的存在であり、水の中にある足が地上にある肉体に相当します。霊的存在は目を持っており、水の中の足を見ることができます。一方、水の中の足は霊体を見ることができず、したがってまたその存在に気づいていません。霊体は、〈物質体〉である自分の足だけでなく、自分のまわりにいる他の霊体も見ることができますが、水の中、つまり地上にいる足にはそのことが分かりません。霊体が水から足を引き上げると、それを地上の人々は〈死〉と呼ぶのです。そして、霊体が足を水の中に再び入れると、それを〈誕生〉と呼んでいるのです。

このイメージは、私たちに、自分が物質的な存在であると同時に霊的な存在でもあるというトータルな認識をもたらしてくれるのではないでしょうか。

アメリカ合衆国では、数多くの大学が科学的に〈変性意識状態〉を研究しており、患者を過去世退行に導く技術が公式に医者や医学部の学生に教えられています。しかし残念なことに〈古いヨーロッパ〉においては、いまだに唯物主義的な医学が横行しており、ほとんどの大学の医学部が、薬や手術や放射線による古めかしい治療法しか教えていません。しかし、例外がないわけではないのです。

たとえば、ジュネーブ大学付属病院においては、オラフ・バンク博士とその同僚たちが、癲《てん》癇《かん》治療のための手術の最中に、浅い麻酔をかけられた女性がはっきりした言葉を使って自分が体験していることを説明した、という例を報告しています。この女性は、側頭葉を刺激されているあいだ、自分は天井のあたりに浮かんで手術台に横たわる自分自身の姿を見ていた、と語っているのです。このことから、体外離脱体験や臨死体験が、神経生理学的な基盤を持っているということが分かります。

こうした研究があるにもかかわらず、ヨーロッパの学術機関は、新しい考え方を決して受け入れようとしません。しかし、一方で、自然療法医やサイコセラピストたちの多くが、自然医療や、精神集中効果学、ヒプノ・セラピー（催眠療法）、誘導瞑想、シャーマニズムといった技法、そしてその他のあらゆるセラピーの技法を学びつつあり、伝統的な医学の枠を超えて、クライアントたちに健康管理のためのより良い方法論を提供するようになってきています。ただし、彼らはより統合された〈全体的〉な見方をするようになっているのであって、伝統的な西洋医学を拒絶しているわけではありません。より広い現実の中に西洋医学を配置しなおそうとしているだけなのです。

クライアントたちに対して、ただおとなしく治療を受けるだけではなく、積極的に治療行為に参加すること、自分で自分のホリスティックな健康を創造してゆくことが求められるのです。セラピストは、対症療法によって単に症状を抑えるだけではなく、クライアントを教育して、なるべく早く、自己管理のできる人間に仕立て上げます。

変性意識が開く世界を探求してきた研究者たちと同じ情熱を持って、私もまた、あなた方読者を、私が現代西洋医学とは異なる医学の実践を通して三〇年間にわたって開拓してきた、まことに驚くべき世界にこれからご案内したいと思っているのです。

光の剣・遥かなる過去世への旅

## 目 次

## 第一章
# 死は生命の終わりではない

## 〈優しい医療〉を目指して

小さい頃、私は、天使やガイド・スピリットたち、また妖精たちと日常的に接しながら生きていました。六歳ごろになると、こうした素晴らしい友人たち――私には見えるけれども、遊び仲間には見えない友人たち――がいるということが、学校生活を送るうえで不都合になってきました。私が彼らのことを話すと、みんなが私を馬鹿にしてあざ笑うようになったのです。

そこで、天使や妖精たちに、もう僕のところには来ないで、と伝えました。それ以来、私は、そうした目に見えない友人たちと遊ぶことはなくなり、まじめな、でもちょっぴり淋しそうな顔をした子どもになったのです。私は淋しさをまぎらわすために、手当たり次第に本を読み、せっせと〈この世〉的な知識を蓄えました。その結果、小学校、中学校、高校、大学でとても良い成績をとりました。そして大学の医学部を卒業し、晴れて医者になったのです。

ところが、やがて、厳しい現実に直面せざるを得なくなりました。つまり、私が習得した近代西洋医学は、薬や手術という手段によって対症療法的に病気と戦い、病気を排除しようとするだけであり、患者が抱えている根本的な問題にはまったく関心を払わない、ということに気づいたのです。患者は、退院しても、相変わらず同じ家に住み、同じ食事をし、同じ考え方をし、同じ感情的反応をしています。つまり、病気の本当の原因は取り除かれず、そのまま放置されているのです。

そこで私は、病気にではなく病人に焦点を合わせた医療、つまり〈代替医療〉を精力的に研究し、患者の皆さんに、より良い生き方をして自分の健康は自分で管理する、ということを教えるようになりました。

最初のうちは、ホメオパシー、鍼灸、ツボ療法、さまざまな自然療法、あらゆる種類の食餌療法、その他、目に付く限りの療法を学びました。

こうして、自然で穏やかな作用を及ぼす自然療法をきわめていくうちに、やがて様々な国の〈伝統医療〉に眼を向けることになりました。おびただしい回数の旅行を繰り返し、何百年ものあいだ、場合によっては何千年ものあいだ伝統的な医療を保存してきた人々に出会うことができました。

そして、ついに、シャーマンの世界に接するようになったのです。シャーマンたちは、物質的な世界だけではなく、目に見えない世界、つまり感情や思考に関係する世界、霊に関係する世界、つまり波動の世界まで探求することによって、人間を、肉体・感情・精神・霊《スピリット》を含めた総合的な存在として理解しています。

彼らは、私たちと同じように、五官を使って通常の世界を認知します。しかし、それだけではなく、内面への旅（つまりシャーマンの旅）をすることによって、肉体の目では見ることのできない超越的な世界を踏査するのです。こうした旅は、想像力や明晰夢《めいせき》、また直観などの座である右脳を開く方法を習得することによって初めて可能となります。彼らは、非物質的な世界に行ってそこから貴重な情報を持ち帰り、さらに霊界に属する精妙なエネルギーを操作することによって、日常生活をよりよく管理することができるようになるのです。

そうした精妙なエネルギーは非常に高い知性を備えており、宇宙の偉大な法則に完璧に従っています。このエネルギーは、驚くべきやり方で、常に効果的な力を優雅に発揮するのです。たとえば人間の経絡にそうしたエネルギーを通すと、一種の電磁エネルギーとして作用し、肉体の機能を整序します。その様は、まるで経絡を通って知性が身体じゅうをかけめぐり、その組織化の力で身体の機能を非常に巧みに整えるかのように感じられます。

さらに私は、アメリカのモンロー研究所で研修を受けることによって、通常の現実の限界を超える力をつけ、高次元の世界にアクセスできるようになりました。その結果、ガイド・スピリットたちと出会い、彼らの教えを受け取れるようになったのです。彼らからの最初のメッセージは、次のようなものでした。

私たちのメッセージはシンプルです。
無条件に愛すること、それだけです。
自分を完全に受け入れ、愛してください。
口論をせず、
相手をやりこめようとせず、
争わず、戦わないこと。
そうすれば、内なる世界が花開きます。
過去から現在まで、
じっくりと振り返ってみること。
よく観察すれば、
気づきが生じ、
沈黙から
叡智が生じます。
リラックスして、注意深く観察する、
これが、自分自身と

コミュニケートするための鍵です。
理性を通さず、
部分を全体と結びつける。
あなたは、一部であり、
かつ、全体です。

このメッセージは、私が学生時代を通じて身につけた世界観を深くゆるがすものでした。そして、その後の私の生き方を決定的に方向づけたのです。

ジュネーブで受けた初等教育と中等教育を通して、私は、世界とは大きな〈正確無比な時計〉のようなものなのだ、というふうに教えられました。その世界という時計は、化学の歯車、生物学の歯車、天文学の歯車、数学の歯車によって動いており、背後には、それらすべてを統御している〈偉大な時計技師〉である神様が控えている、というのです。そして、この神様は善良で全能であり、でもそのうち必ず厳しくなり、意地悪になる、というものでした。まさに聖書に書いてある通りです。

私の父は、プロテスタントの牧師でした。また母はその妻であったため、つまり〈牧師の妻〉

であったため、父以上に厳格で教条的でした。父はむしろ、ごちそうと冗談が好きだったので、その分だけ厳しさが和《やわ》らいでいました。

二人は、私に徹底的な道徳教育を施《ほどこ》しました。私はまず何よりも、〈良きキリスト教徒〉でなければなりませんでした。ということは、聖書の教えをしっかりと守り、性的なことに関わってはならず、あらゆる快楽から身を遠ざけていなければならなかった、ということです。

しかし、そんなことを思春期に達した男の子が守るというのはそもそも無理な話です。私はある時、両親にとって都合の良い〈牧師の息子〉であることをやめ、自分自身の人生を生きようと決意しました。

そうして一五歳になったころ、両親や先生方から〈神に見放された罪人〉と呼ばれていた人々と付き合い始めたのですが、その時の私の驚きたるや本当に大変なものでした。

今でも私はパリで過ごしたある夕べのことをはっきりと覚えています。その時、私は、非常に身だしなみの良いある男性と話をしていました。彼は、三人の娼婦の〈ひも〉でした。驚いたことに、私の両親のそれとは違っているものの、彼は本物の倫理観と非常に厳格な道徳観を備えていたのです。その男性を通して私は、〈善悪〉の観念とは相対的なものであり、その人が属する社会環境に大きく影響されるものである、という事実を知ったのでした。たとえば、〈人を殺す〉ということがそうです。軍隊においては敵を殺すことは大いにほめられるべきことですが、平時においては同じ行為が殺人と見なされるわけです。

次いで、医学の勉強をしているあいだにも似たような経験をしました。ある教会に属する学生たちが、自分たちの教えに賛同しない学生を捕まえては厳しく糾弾しているところを目撃したのです。

また、病院では西洋近代医学に属するものはすべて〈善〉であり、代替医学、つまり〈優しい医療〉はすべて〈悪〉なのでした。代替医学は、〈非科学的〉、〈反理性的〉、〈いかさま〉と見なされていたのです。

それぞれの〈流派〉が「我こそは〈真理〉の担い手である」「うちの流派による神の観念こそが唯一正しいものである」「うち以外のすべての流派は断罪すべき異端である」と主張しているような世界で、いったいどうやって生きてゆけばよいのでしょうか。

教会どうしの喧嘩《けんか》、流派間の論争、そして宗教が原因となった戦争を散々見せられて、私は、あらゆる考え方を受け入れよう、でも最終的には自分自身の経験に基づいて判断しよう、と決めました。

## 「私は死にました」

そんなわけで、スピリチュアル・サイコセラピーのことを耳にし、幼年期の心の傷《トラウマ》を癒すワークのことや、過去世があるという話を聞いた時、私はそれらを非理性的なものとして葬り去ろうとするあらゆる知的な議論を注意深く検討してみました。そして、知的誠実さを守り、はっきりした見解を得るために、自分自身で過去世退行を経験してみようと思ったのです。

私は、あるサイコセラピストを訪ね、長椅子に横になり、全身を深くリラックスさせ、時のトンネルを通って内なる旅行を試みました。すると驚いたことに、アフガニスタンの山の中で羊を追っている自分の過去世が出てきたのです。私の閉じたまぶたの裏に、まるで映画のようにそうした映像が浮かんできたのです。

その男性の肌は赤銅色をしており、着ている物はごわごわした毛織物で、彼の妻たち（複数です）はブレスレットや、首飾り、銀でできたヘアバンドなどをしていましたが、私にはその男性が自分だということが分かりました。自分の理性に反し、私はこの羊飼いであったということを確信したのです。あまりにもはっきりとした臨場感があり、あまりにも強い感情が生じたために、それが根も葉もない空想だとはとうてい思われなかったのです。

実際、こうした経験をすると、「信じる」「いや信じない」という果てしのない水かけ論などまったくどうでもよくなります。というのも、この物質的な現実よりも遥かに〈現実的な〉経験をすることになるからなのです。たとえ物質的な現実が消滅したとしても、非物質的な現実は存在し続ける、ということが実感としてはっきり分かるようになるのです。それは量子的飛躍とでも言うべき意識の変化であり、限界を持つ狭い物質的世界から、その物質的世界を包み込んでいる広大無辺な霊的世界に足を踏み込んだことになるのです。

この発見に勇気づけられて、私は、患者のうちの一部の人たちに、同じような過去世退行を試みてみました。最初は、どんな療法も効かない患者さんたち、医者から医者へと、病院から病院へと際限もなく渡り歩いているような人たちに施してみたのです。

私は彼らにこう言いました。「もしかすると、あなたの病気の原因は深い潜在意識の中にあるかも知れません。あなたを苦しめているその病気の根っこを探るために、一緒にあなたの心の奥深くを旅してみませんか」

患者さんの同意が得られた場合、さらに次のように言って誘導しました。「まず長椅子の上に横になりましょう。ゆっくりと深い呼吸をしてください。全身の筋肉をリラックスさせます。身体と心がゆったりとやすらぎ、深い静寂が感じられるようになったら、心を使って時間のトンネルに入って行きましょう。そして、現在かかえている問題の原因となった過去の場面に向かいます」
ある時期には、別の手法を使ったこともあります。リラクゼーションのための音楽、あるいは深いリラックスを得るための〈バイブラサウンド〉という装置を使ったことがあるのです。この〈バイブラサウンド〉というのは、水と水晶を入れたベッドの上に寝てもらい、音楽を流して水と水晶を振動させ、その振動によって身体じゅうの細胞を深いリラックス状態に導くように作られた装置です。

また、磁気や遠赤外線、日本で開発され宇宙飛行士たちが宇宙旅行する際に威力を発揮したあるテクノロジーなども使ってみました。さらに、太鼓の音を使ったり、香りを使ったり、深い呼吸に導く技術を使ったりもしました。

でも、たとえどのような技術を使ったとしても、中心的なねらいは、常に、潜在意識の奥に潜む、今の問題の原因となっている過去の場面に到達することでした。

それは時に、幼少時の過酷な体験であったり、もっとずっと時間をさかのぼった過去世における経験であったりするのです。特に後者の場合、驚くべき内容が語られることがあります。自分の耳を信じられないこともしばしばでした。私のデカルト的思考はこなごなに打ち砕かれ、体制順応主義の教授たちに叩き込まれた考え方、両親から押し付けられた宗教的ドグマ、ほとんどの人が堅固な現実そのものだと信じて疑わない社会的な約束事などが、ガラガラと音を立てて崩れ落ちるのでした。

一九七一年に、私はポールという名前の四五歳のビジネスマンとともに、まことに驚くべき経験をしました。

初めて会った時、ポールは、「胸をまるで太いロープで閉めつけられるような感じがして、息が詰まりそうでものすごく苦しいのです」と言いました。

厳密な医学的検査を何度も受けたのですが、どうしてもその原因が発見できず、絶望して私のところにやってきたのです。

私は彼に、長椅子に横たわり、リラックスするようにと言いました。それから、潜在意識につながるトンネルの中に入って行きました。すると突然、彼はあえぎながら身をよじり始めたのです。

「ロープにぶら下がっています。苦しい！　死にそうです」

——だいじょうぶ。怖がらなくてもいいですよ。そのまま受け入れてください。危険はありませんから。

「ああ、ついに私は死にました。胸にロープが巻き付いた状態で、私の身体がロープに吊るされているのが見えます。もう苦しくありません。自由を感じます。とても軽《かろ》やかな気分です。空中をただよっています」

――そうですか。それはよかった。光の世界に行く前に、それがどこで起こっているのか確認してください。

「セルヴァン山に登る途中でした。山頂付近です」

さらに私は死んだ人の名前、登山ガイドの名前、事故の起こった日付を聞きました。そして、それらを記録して、私のファイルに保存したのです。

セッションが終わるとポールは元気に起き上がりました。もう胸の苦しみはまったく感じられないということでした。彼は喜びのあまり跳び上がらんばかりの様子で私にこう言いました。

「先生、ありがとうございます！　もうまったく苦しくありません。なんとお礼を申し上げてよいのやら……」

――本当によかったですね。これから、ツェルメッツ（セルヴァン山のふもとにあるウィンター・スポーツのためのリゾート）に行って、今の話が本当に起こったのかどうか調べてご覧になったらいかがですか？

数週間後に、私は一本の電話を受けました。それはツェルメッツからのものでした。ポールは興奮して、こう言いました。

「調べてみたら、すべてが事実でした！　私は、二〇世紀初頭にセルヴァン山に登る途中で死んだイギリス人だったのです。いやあ、驚きましたね！」

このケースは、私を非常に興奮させました。過去世が存在するという圧倒的な〈証拠〉をつかんだからです。しかも、原因を発見できず、何年間も苦しんでいた患者が、たった一度のセッションで嘘のように治ってしまったのです。まるで、〈潜在意識というアメリカ大陸〉を発見したコロンブスのような気分でした。

## なぜ人は死を恐れるのか

この過去世退行セラピーを実践する一方で、私はこのセラピーを完全に理解するために、さまざまな探求、調査を行ないました。過去世退行セラピーを扱った本を手に入る限り読みました。そして、私の思い込みに反して、実に膨大な文献が、幼年期や過去世の記憶にアクセスすることを可能とする〈変性意識状態〉について論じている事実を知りました。

しかも、これらの文献は現代だけでなく、過去においても数多く書かれていたのです。中には古代までさかのぼるものもありました。驚いたことに、はるか昔のギリシャ、エジプト、マヤ、インカ、中国などにおいて、すでに医学の一環としてこうした過去世退行セラピーが行なわれていたのです。
現代だけでなく、古代においても、そうしたスピリチュアル・サイコセラピーが行なわれており、患者を潜在意識の中に導いて、潜在意識の浄化をしていた、という事実が明らかになったのでした。

私は、経験を積むにつれて、こうした退行状態、内面への旅、あるいは明晰夢においては、知的理解よりも、ダイナミックな感情体験の方が重要である、ということを知るようになりました。フロイトのやり方は、あまりにも知的な解釈を重視しすぎていたということが分かったのです。重要なのは、知的了解ではなくて、感情の直接的な体験なのです。

過去を映したスライドを一枚一枚眺めて理性的に解釈するのではなく、過去という映画の中にまるごと飛び込むことの方が大切だったのです。そして、その時の感情をそのまま生き生きと感じ取り、凍りついていた各場面をダイナミックに流れ出させるのです。

私たちのほとんどが、実際に自分で確かめてみることもせずに、教え込まれたことをそのまま信じています。ヨーロッパでは、伝統的に転生輪廻は信じられてきませんでした。しかしインドでは、ヒンズー教、仏教、ジャイナ教、シク教、ゾロアスター教などにおいて、転生輪廻とカルマの思想は基本的な教義でした。

日本の密教、チベット仏教、そして東南アジアの各宗教においても、転生輪廻とカルマの思想が基本となっています。

古代ギリシャにおいても、ピタゴラス学派、アリストテレス学派、プラトン学派において、魂の生まれ変わりを認めています。

同様に、キリスト教のもととなったユダヤ教の各宗派、すなわちエッセネ派、パリサイ派、カライテス派などでも転生輪廻を信じていました。

その他にも、グノーシス派、ユダヤ教のカバラ、コロンブスが行く前の北米インディアンたち、ポリネシア、アフリカ、ペルー、コロンビア、ブラジルのシャーマンたち、ケルトのドルイド僧たちは、転生輪廻を前提としていました。

それ以外にも、神智学、人智学、そして現代のスピリチュアルなグループにおいて、転生輪廻は当然のこととされています。

一般的に、キリスト教の信仰と転生輪廻の思想は対立する、と考えられています。しかし、必ずしもそうではありませんでした。イエスの時代、そしてその後の数世紀のあいだは、過去世を信じる人々と信じない人々のあいだで自由に論争が行なわれていました。初期のキリスト教徒たちは転生輪廻を信じており、数多くの文書によってその思想を広めていたのです。五五三年にユスティニアヌス帝によって召集された第二次コンスタンチノープル会議まで、転生輪廻は否定されていなかったのです。この会議において、初めて、「魂が生まれ変わるという奇怪な説を唱え、教える者は、すべて異端者として断罪される」と宣言されたのでした。教会によるこの公式な宣言によって、初めて転生輪廻説はキリスト教において廃棄され、転生輪廻のことを論じている文書はすべて焼き捨てられました。

西洋においては、この数世紀のあいだ、科学が一種の信仰となり、その結果、あらゆるスピリチュアルな要素が反理性的なものとして否定されてきました。そして世界は、転生輪廻を信じる人々、転生輪廻に中立的態度を取る人々、転生輪廻を信じない人々によって三分割されると考えられてきました。

しかし、転生輪廻説は、もはや信じる、信じないの問題ではありません。すでに、過去世に関する厖大《ぼうだい》な量の経験と観察が積み上げられているからです。

過去世の体験は、変性意識状態に楽に入れる研究者にとっては、すでに当然のこととなっています。とはいえ、その体験をどのように解釈するかということに関しては、いくつものやり方があることは事実です。しかし、それは他の科学の領域においてもまったく同じことであるのです。

結局のところ、重力に関する理論は、重力そのものとは別物なのです。そして、転生輪廻説が嫌いだから過去世体験そのものを否定する、と言っている人でも、それと同じ態度を重力に対しては適用しません。すなわち、重力に関する理論が嫌いだから、重力が働いて物が落下することを否定する、とは言わないのです。

過去世の想起は、変性意識状態に入った数多くの人によって実際に体験されています。それは、前もって過去世を信じてない人々にも起こることなのです。

そして、数多くのケースで、過去世から得たとされる情報が本当に正しいものであることが、調査を通して客観的に証明されています。

また、過去世退行セラピーを通して自分の過去世を実際に体験することによって、長らく続いてきた精神的な不調が、一挙に治る、あるいは大幅に改善するということが数限りなく起こっています。

とはいえ、体験をすべて集めれば、反論を許さない証明につながるとは限りません。学問は何も証明しない、ということを思い出しておく必要があるでしょう。学問はそれまでの理論をまとめるだけなのです。

自然科学の歴史をたどってみれば、あらゆる現象を説明しうる理論は今までただの一つも作られたことがない、ということが分かります。

過去世を体験する人は数多く出ているのです。そして、過去世体験を説明する異なった理論もたくさん登場しています。それらの理論のうちのあるものは、死後にも魂が存続するという考え方、そしてその魂が転生を繰り返すという考え方を否定していません。

私たちの人生は死によって終わるのではない、ということが分かると、私たちの地上での人生の意味は一変するでしょう。その時、私たちは死の不安から解放されるからです。アルチュール・ランボーはそのことを次のように見事に表現しています。

詩は私の生命
詩を読めば
言葉たちが生命の中心で響きあい
あらゆる人が、純粋な水を飲むことができる
そして、渇きを癒され、解放される
生命は、死によって中断されるわけではないのだから

さあ、生き生きと生きようではないか
人間は、
死んでも決して死なないのだから

この最後の二行は、幸福への扉を開く素敵な「開けゴマ！」ではないでしょうか。そして、この二行は、また、ジャック・ブレルが伴侶のマドリー・バミーに言った言葉と結びつくのです（バミーは、その言葉を、パトリシア・ヘイズとマーシャル・スミスが書いた『死は生命の終わりではない』という本の序文に引用しています）。


「いいかい、みんな怖がっているんだ」

私は、無邪気にもこう聞き返しました。

「怖がるって、何を？」

「生きることをさ」

とブレルは答えました。私は黙っていました。何と言っていいか分からなかったからです。どうして、みんなが生きることを怖がっているのか分からなかったのです。すると、彼はさらにこう言いました。

「みんなは、だから、生きる勇気が出ないんだ」

それからしばらくして、彼は次のように書いています。

〝人々は、眠りこけている。それは、彼らに無謀さが欠けているからだ〟

そして、彼は亡くなりました。私は自分のまわりを見回し、そして理解しました。人々が恐れているのは死であると。だからこそ、人々は生を怖れているのだと。

死後も生命は続くのだということを知ると、私たちは死への恐れから解放されます。そのことを私は次のような詩として書きました。

私たちは決して死なないと知ること、
死ぬのは身体だけなのだと知ること、
私たちの意識、
私たちの本質は死なないと知ること。
死後も人生は続き、

生き生きとした冒険が待っていると知ること。
物語のページが次から次へとめくられ、
素晴らしい冒険物語は無限に続く。
それは、自分を発見する旅でもある。
死と生は交互に繰り返す。
死とは、より明晰な意識への
飛躍にほかならない。
恐れから解放されて、
限界から解放されて、
タブーと不安から解放されて、
私たちは、新米の創造者になる。
私たちが考えること、
私たちが信ずることは、
遅かれ早かれ実現する。
なぜなら、

私たちは輝ける神であり、
光の存在だから。
どう生きるかを、
何を見るかを、
選ぶのは私たち自身。
私たちが創造したすべてが、
宇宙の中で活発に動きまわるのが見える。

## スピリチュアルな旅が始まる

スイスのダボスで行なわれたトランスパーソナル心理学の会議に参加したことがきっかけとなって、私はこの分野のリーダーたちと知り合うことになりました。

トランスパーソナル心理学は、ここ三〇年ほどのあいだに開発された潜在意識に関するセラピーの領域において、最も意義深い探求を行なってきました。

私は、まず、スタニスラフ・グロフ博士の、変性意識に関する三〇年間の研究についての講演を聞きました。また、エリザベス・キューブラー・ロス博士のきわめて明晰な講演も聞きました。彼女によれば、人間というのは、〈物質体《フィジカル・ボディ》〉〈感情体《エモーショナル・ボディ》〉〈精神体《メンタル・ボディ》〉〈霊体《スピリチュアル・ボディ》〉という四つのボディを持っており、記憶を奥の方まで探っていけば、今世よりも前の記憶にまで達することができる、なぜなら、死ぬのは〈物質体〉だけであり、それ以外の三つのボディは、転生輪廻を繰り返しつつ、無限の向上を目指しているからだ、ということになります。

また、ダライ・ラマは、彼特有のユーモアを交えつつ、チベット的な人生観を示しましたが、それは転生輪廻の考え方を特に強調するものでした。

また、私は、アメリカにおける人類学の重鎮、マイケル・ハーナー教授にも出会いました。彼は、アマゾン河流域に住むインディオのジバロス族の指導を受けてシャーマンになった人で、その後は数多くの国でシャーマニズムを教えています。

三日連続で彼のセミナーに出た私は情熱に火をつけられ、その結果、翌年には、私がヨーロッパ及びアメリカで行なってきた修行を完成させるために、サン・フランシスコとロサンゼルスのあいだにある例の有名なエサレン研究所に行くことになりました。この研究所には、当時、アメリカじゅうの心理学者やサイコセラピストたちがやってきて、自分たちの発見や研究成果をお互いに確認し合っていました。ヨーロッパにおいて、体制順応主義ゆえに、また革新への不安から、多くのセラピストたちが科学主義的唯物主義や硬直した理性信仰にしがみついていたのに対し、アメリカのエサレン研究所では、研究者たちは心を開き、好奇心にあふれ、お互いを尊重し合いながら、自由に新たな可能性を探求していました。

シャーマニズムは、パワー・アニマル、先祖、ガイド・スピリット、ガーディアン・スピリット、またその他の自然の存在といった、目に見えない仲間と協力して、幼年期のトラウマや過去世で受けたトラウマを癒すために、大いに注目すべき、そして実に簡単な方法論を提供していました。

太鼓の音をBGMにしたセラピーが始まると、霊的な仲間たちに支えられて、過去世療法に最も頑固に抵抗する患者でさえも、あっという間に過去世の記憶の映画の中に投げ込まれ、きわめてはっきりとした体験をするために、それまでの理性による疑いが一瞬のあいだに雲散霧消してしまうのでした。

内なる世界の実在と、潜在意識に蓄えられた過去世の記憶の実在を知るためには、実際に体験する以外に方法がありません。頭であれこれ考えて「私は信じる」「いや私は信じない」などと言っているあいだは、不毛な議論を繰り返すしかありません。いくらそんな論争を繰り返したところで、結局は水かけ論にしかならないのです。

私自身に関して言えば〝自分に絶対的な自信を持ち、自分の知っていることだけに価値があって、自分の知らないことはすべて与太話か、もともと存在しない妄想にすぎないと確信している人を、知的な議論によって打ち負かすことなど決してできない〟ということをすぐに悟りました。

そこで、過去世退行セラピーに関して質問された時は、次のように答えるだけにしています。
「身体に腫瘍ができた場合に外科手術をほどこして体内にできた腫瘍を切除するのと同様、このセラピーでは、記憶の深い層に埋め込まれている過去世から来る苦しみの原因にまで踏み込み、いわば心理的、霊的な手術をしてトラウマを切除するのです」

これを聞いて興味を持った人にはさらに話をしますが、あせって話題を逸《そ》らそうとする人にはそれ以上話をしません。

シャーマニズムの財産の一つはパワー・アニマルです。この不思議な、素晴らしい仲間は、私たちに、活力、叡智、そしてユーモアを分け与えてくれます。パワー・アニマルは、物質世界ではなくて霊界世界に住んでおり、私たちはパワー・アニマルとコンタクトすることによって叡智に満ちた教えを受け取ることができるのです。

非物質的世界とコンタクトを取るには、まず深いリラックス状態に入り、その後太鼓の音によって右脳を活性化させてゆきます。そうすると、やがて、内なる旅、すなわちシャーマンの旅が始まるのです。

例をあげてみましょう。ある時、私が妻のジョアンヌ・ラザナマヘイとともに開催しているセミナーにジョンという人が参加しました。彼は四〇代の実業家で、いつも仕事の成功だけを考えているタイプの男性でした。

意識のトンネルを通って自分のパワー・アニマルを探しに行くなどということは、彼にとっては〈馬鹿ばかしくて話にならない〉たぐいのことでした。彼の左脳は、さっさとこの場を立ち去って、古典的なちゃんとした経営セミナーに出るべきだ、とけしかけるのですが、彼の中にいるいたずら好きのやんちゃ坊主がなんとか彼をその場に引き止めました。

いよいよセッションが始まりました。彼はいとも簡単に心の中に入ってゆき、そこに見つけた荒々しい自然の中を歩いていました。すると、突然、自分を見つめているシマウマに出くわしたのです。彼は思いました。

「な、なんだ、シマウマか。いやはや。俺が欲しいパワー・アニマルはシマウマなんかじゃないぞ。俺が欲しいのは、もっと高貴で立派な動物なんだ。ライオンとか、あるいは少しゆずったとしても象までだな」

するとシマウマは姿を消しました。ジョンはそこで大いに安心しました。それから彼は、洞穴を通り地下の世界に入ってゆきました。しばらくすると、また、突然シマウマが現われました。そして、テレパシーでジョンに次のような言葉を送ってきました。シマウマが口を開かずに彼に話しかけてきたのです。ジョンはびっくりして卒倒しそうになりました。

――人間関係で悩んでいるんでしょう？　身近にいる人たちとのあいだに葛藤があって、そこから脱け出せないでいるんじゃないですか？

あまりにもぴったりの指摘だったので、ジョンはシマウマの言うことを聞く気になりました。シマウマは続けました。

――それなら、〈動く〉ということを覚えるといいですよ。僕は野生の動物だから、いつも動き回っています。ある場所の波動が重くなり、危険になると、すぐにそこから離れるんです。

ジョンはシマウマの言っていることがまったく正しいことに、ただただ感動しました。そこで、彼はシマウマに近づき、その首を抱いてこう言いました。

「君のことを悪く思ってすまなかった。僕にそんなふうに教えてくれて、とてもうれしいよ」

ジョンはそのシマウマを自分の胸の中に導き入れたあと、トンネルを通り、地上に戻ってきました。分かち合いの時間が来た時、彼は、この驚くべき〈自由の教え手〉のことを語って皆を大笑いさせました。

家に帰ると、ジョンは定期的に太鼓のカセットをかけてシャーマンの旅を行ない、例のシマウマに会いに行くようになりました。シマウマは、ジョンが面倒な場面から離れるべき時が来るとタイミングよく合図を送ってくれるようになりました。

その合図とは、背骨の基底から頭頂にかけての一種の振動のようなものです。この震えが来ると、ジョンはすぐにシマウマとコンタクトを開始し、彼からエネルギーをもらって、膠着《こうちゃく》状態に入り始めた状況から抜け出すのです。以前だと、しょっちゅう、その泥沼にはまり込んでいたのでした。

また、ビジネスの上でも、このシマウマのエネルギーを受けられるようになりました。今までなかったほど、直観が冴えるようになったのです。それまでは単に左脳を使って知的に考えていたにすぎませんでしたが、今では創造力に満ちた右脳も使い、叡智に裏付けられた深い洞察が下せるようになりました。

もちろんこういったたぐいの話は、デカルト的知性を持った人間を途方にくれさせます。なぜなら、理性に支配された世界ではシマウマが話をすることなど絶対にありえないからです。右脳を活性化させることで得られる変性意識によって体験する世界は、非時間的であり、しかも非論理的です。夢やおとぎ話、また伝説や神話のようにイメージとシンボルで構成されているのです。二つの世界は補い合う関係にありますので、対立させるべきではありません。それぞれが内包している知性のあり方が違うだけなのです。

## 崇高な存在との対話

アメリカ合衆国で最もよく知られた霊能力者はアーサー・フォード師ですが、彼が霊能力者になったいきさつは大変興味深いものです。

彼がバプティスト派の牧師としてある小教区をあずかっていた頃、ある日、突然頭の中で声が話し始めました。その声は、「私はあなたのガイド・スピリットで、フレッチャーという存在である」と告げました。そして「これから一緒に霊的な探求を続けながら、死後の生存の確信を得ようとしている人々を援助する仕事をするのだ」と言いました。

フォード師はびっくりしてしまいました。なんということでしょう！　彼は、この申し出を受け入れるまで、数カ月のあいだ悩みに悩みました。なぜなら、その提案を受け入れた場合、彼の宗教活動は一変してしまうからです。

聖書に語られている古代の預言者について、頭で理解しただけの常套的なことを語る代わりに、自分自身が天上界からのメッセージを受け取り、非物質的な世界からの直接の情報を人々に述べ伝えなければならなくなったのです。

数年のうちに、彼の人気は上昇し、おびただしい数の講演を行ない、個人セッションも行なうようになりました。

フォード師の活動は、ルース・モンゴメリーが師の人となりとその作品についてベストセラーを書いたことによって、さらに、師がフーディーニからのスピリチュアル・メッセージを受け取ったことによって有名になりました。

フーディーニというのは、有名なマジシャンで、数々のマジック、特にみずから姿を消すという大掛かりなマジックによって、観衆を大いに震撼させたものでした（今日では、デビッド・カッパーフィールドがこのフーディーニのマジックを現代化して引き継ぎ、世界的な成功を収めています）。

フーディーニは無神論者であり、したがって死後の生命については完全に否定していました。ところが、ある日、まったくの冗談として、彼が妻と協力してある暗号表を作成したと公式に発表しました。そして、もし自分が妻より先に死ぬようなことでもあれば、死後の生存を証明するために、暗号化されたメッセージをアーサー・フォードに送る、と付け加えたのです。

新聞は、この記者会見のことを大々的に報じました。しかし、実際にこのマジシャンが死ぬと、人々はあっという間にそのことを忘れてしまったのです。フーディーニが言っていたように、死後生存などあるはずがない、と思っていたからです。

ところが、ある日、アーサー・フォードがフーディーニの奥さんに手紙を書いてきました。その手紙には、自分が受け取ったというフーディーニからのメッセージが同封されていました。奥さんはさっそくそれを暗号表に照らして解読し、間違いなくそれがフーディーニからのものであると断言しました。

さあ、それからが大変です。当時のスピリチュアルなグループが集まって、侃々諤々《かんかんがくがく》、この驚くべき証拠について議論を始めたのです。ある人々はこれこそ絶対的な証拠であると言い、別の人々はそんなものはまやかしにすぎないと主張するのでした。

以上の経緯についてはパトリシア・ヘイズとマーシャル・スミスが書いた『死は生命にいたる橋』の中で詳しく論じられています。

アメリカで次々にベストセラーとなったルース・モンゴメリーの著作に刺激された私は、いろいろと調べた結果、アーサー・フォードの最後の秘書をしていたパトリシア・ヘイズが、アメリカ合衆国のジョージア州アトランタの近くで、直観養成学校を開いていることをつきとめました。そこで彼女は、霊能力を開発する技術を教えていたのです。

私は、さっそく一週間にわたる彼らのセミナーに参加しました。そして、彼女自身の人柄から深く感銘を受けるとともに、彼女の夫であるマーシャル・スミスの人柄にも深く打たれました。また、彼女たちの教えの内容の高さ、そして彼女たちがセミナーの受講者を受け入れている場所の美しさにも大変感動しました。

深い森の奥に、ひっそりとチェロキー族の古びたテント村があります。すぐそばには澄んだ小川が流れており、木でできた快適な家が、受講生たちを暖かい、そしてくつろいだ気持ち、まるで繭《まゆ》の中にいるような気持ちにしてくれます。こうした場所にいると、良きアメリカの遺産に触れることができるのです。つまり、開かれた精神、寛容、スピリチュアリティへの生き生きとした関心、活力、そして暖かいもてなしの心などがそれです。

パトリシア・ヘイズは、チャネリング、ヒーリング、除霊、自動書記、インスピレーションによる描画などの霊的技法をすべて実践し、また教えています。

この学校の評判は素晴らしく、世界じゅうから受講生がやってきます。また、彼女の夫であるマーシャル・スミスは、大会社の社長業から引退したあとも、アーサー・フォードからのメッセージを伝え続けています。彼がトランス状態に入ると、アーサー・フォードがその声帯を支配して静かに語り始めるのです。そのようにしてフォードは、自分が地上にいる時に始めた、〈霊界と交流する〉という仕事を続けているわけです。「生前は霊界から情報を受け取っていた自分が、今は霊界に還り、地上にいるマーシャル・スミスに情報を送っているのです」とフォードは語ります。

霊界にいるアーサー・フォードは、パトリシアとマーシャルに自動書記をさせて、本を一冊書きました。あの世の視点から死について論じた『生と死をつなぐ橋』というタイトルの本です。

エリザベス・キューブラー・ロスとマドリー・バミーが序文を書いているのですが、この本を読むと、私たちがどのようにしてこの世を去り、霊界に生まれ変わるのか、そしてその後どのようにして再び地上に生まれ変わってゆくのか、ということがとてもよく分かります。

研修が始まると、パトリシアはまず受講生たちに、スプーン、フォーク、そしてナイフのうちのどれかを一本ずつ渡します。そして「これから霊的なエネルギーを使ってそれらをねじ曲げてみてください」と言うのです。

もちろん私も、他の受講生たちと一緒に、渡されたスプーンを念力で曲げようとしました。しかし、どうやっても曲げられません。パトリシアを見ると、彼女は、私たちが黙りこくってまじめに無駄な努力を一生懸命しているのを見ながら、一人で笑い転げています。

それから、私たちは立って輪を作り、互いに手をつなぎました。そして深く静かに呼吸をして、一緒に瞑想に入り、〈光〉につながるようにしました。すると驚いたことに、その後で、全員がいとも簡単にスプーンやフォークやナイフをねじ曲げることができたのです。まるで、それらがゴムでできているかのようにやすやすと曲げることができたのでした。

私は今でもこの時のスプーンを大事に持っています。それは、くるくると四度ねじられています。

このスプーンは、私にとって、人間が内なる力によって物質さえ変形させられるという事実を象徴的に表わす記念物になっています。このスプーンを見るたびに、心のあり方、考え方を変えれば、人間にとって不可能なことはない、ということを思い出すのです。

この研修を通じて、パトリシアとマーシャル、そしてアシスタントたちは、暖かい、喜びにあふれた雰囲気の中で、私たち受講生に彼らと同じ霊能力を身に付けさせてくれたのでした。私たちは、霊視、チャネリング、癒し、インスピレーションによる描画などができるようになり、自らの魂と意識的にコンタクトできるようになったのです。

パトリシアは、すでに自動書記を通して、霊界に住む医師のロー・ファンから、霊的な癒しに関する教えを受け取っていました。光の世界の医師であるロー・ファンは、私たち地上の人間に、潜在意識にあるブロックを解除してハイアー・セルフと交流できるようになるための、非常に効果的で即効性のあるスピリチュアル・サイコセラピーの技法を伝えてくれたのでした。

パトリシアによれば、ロー・ファンはユーモアを交えつつ、次のように語ったということです。「あなた方の時代はみんなスピード狂で、何でもとにかく速くやりたがる。それなら、セラピーの技法でも、速く効果を上げるものがあってよいのではないですか」、と。

このあと、二年間、毎年四回ずつ私はアトランタに行き、一週間のプログラムに参加して、ロー・ファン・セラピーを習ってロー・ファン・セラピストになり、その後このセラピーを教えるようになりました。

そして、この技法を習得することによって、私はサイコセラピーを行なう上での決定的な切り札を手に入れることになったのです。

**〈光の剣〉に導かれて**

ロー・ファンから伝授されたこのセラピーでは、時間のトンネルに入り込む前に、まず、心の中にある庭に行きます。そして、そこで自分のガーディアン・スピリットやガイド・スピリットたちに会うのです。それから、彼らと一緒に、あらゆる生命の源泉である〈光〉へと向かいます。そして、その光の中で一振りの〈光の剣〉をもらうのです。

この剣は霊的な力ならびに癒しの象徴であり、過去のトラウマに立ち向かう力をクライアントに授けてくれるものです。クライアントは、この剣をたずさえて過去に立ち戻り、不安、孤立、無知、混乱の中で経験したさまざまな状況に強力な愛の光をもたらすのです。

そのようにすると、過去世または今世の幼年期の探検を、きわめて迅速に、そしてゆるがない自信とともに行なうことができるようになります。

というのも、ガイド・スピリットたちの支援を受け、〈光の剣〉の力に導かれるので、クライアントはまっすぐ問題の場所におもむき――この時、剣からほとばしり出る光が、レーザー光線のように進むべき方向を教えてくれます――、毛糸玉のようにこんがらかった感情的、精神的問題を、一刀両断に、あっという間に解決してしまうのです。

もともと人間の精神というのはきわめて複雑なメカニズムを持っており、潜在意識は広大な〈パンドラの箱〉となっているために、それを開けるには細心の注意が必要です。潜在意識の奥深くにある迷宮を旅するには、複雑な神経組織を手術する時のメスのような繊細さが必要とされるのです。

したがって、その際にガイド・スピリットたちから支援を授けられるというのは、何よりの贈り物となるわけです。彼らはすでに地上での転生を終えており、それ以来ずっと住んでいる光の世界から、地上にいる私たちに、この上ない叡智と愛をもたらしてくれます。私たちはといえば、現在、〈地球という星での最終試験〉を受けつつあり、自己実現を果たし、悟りを得、純粋意識を得るべく、まさに努力の最中というわけです。

ガイド・スピリットたちは、すでに地球上での、あるいは他の惑星での転生を終えているので、地上生活がいかに多くの幻想の罠《わな》に満ちているかをよく知っています。そして、それらの罠からいかにして逃れるかという方法を熟知しているのです。

ですから彼らは、私たちが記憶の暗い洞窟を探検する際に、実に適切で貴重なアドバイスをしてくれます。その結果、私たちは、意識のほの暗い洞窟を、新たなビジョンの光で照らし出しながら安心して探検することが可能となるのです。

また、〈光の剣〉は、非常に強力な力を備えています。クライアントは、困難な状況に剣から出る光の束を照射することで、それをあっという間に快適な状況に変化させることができるのです。その状況を被《おお》っていた感情的な煤《すす》が、一瞬のうちに燃やし尽くされます。

ガイド・スピリットたちと〈光の剣〉のおかげでクライアントは、潜在意識を探検する際に私たちを待ちかまえている様々な危険を避けることができます。その危険というのは、たとえば、幼年期のあちこちに広がっている泥沼だったり、現在の問題を解決するには何の役にも立たない過去世でのどうでもよい経験だったり、突然それに直面したらあまりにもつらすぎてクライアントの精神的な平衡が崩れてしまうような強烈な記憶だったりします。

かつて私がクライアントの立場でセラピーを受けていた時、あるイギリスのサイコセラピストから、目の前に見える出来事を説明するように、と言われました。私は二時間にわたって、目の前に展開される、自分の過去世と思われる光景を説明し続けました。しかし、やがて、この人生の核心にまったく近づいていないと感じ始めたのです。この調子でやっていたら、結論に到達するにはあと何回もセッションを受けなければならないだろう、と思いました。

ガイドがいないために、意味のない些事にすっかりはまり込んでいたのです。もし適切なガイドがいれば、無意味な場面を蟻のように這いずりまわらずに、一気に核心の場面におもむくことができたはずです。中世の農夫の生活を時々刻々とたどることには何の意味もなかったのです。

過去を探る旅においては、誕生の瞬間とか、感情に大きな影響を与えた事件とか、精神的なショックを引き起こした出来事とか、死の瞬間とか、そうした重要な時期をたどりさえすればいいのです。

過去世の中には、あえてこまごまとたどる必要のない、平穏な人生もあります。特に重大な出来事のない人生もあるのです。

過去世退行セラピーにおいては、その過去世の一部始終を追体験する必要はありません。そうではなくて、充分な意識の光によって照らされなかった部分に光をもたらし、霊的な叡智でそこを照らし出す必要があるのです。

その際に、あなたが農民であったか、貴族であったかということにはあまり意味がありません。問題になるのは、人生を拒否することによって凍り付いてしまった感情や思いなのです。というのも、そうしてできた無意識内のブロックがその後の転生においてあなたを苦しめることになるからです。それは、あなたが似たような状況を通じてそのブロックに光を当て、そのブロックを解除するまで続きます。

私がセラピーを始めた頃、ある婦人がクライアントとしてやってきました。彼女はジュネーブの上流階級に属し、実に洗練された服装をしていました。高価な宝石を身につけ、話す時は唇をほとんど開かずに、ちょっとめくり上げるようにするだけでした。これは、上流階級の女性に特有のしゃべり方で、彼女たちは笑うときでさえ唇を開きません。

彼女は性病にかかって苦しんでおり、どんな療法も功を奏さないということでした。そこで私は、彼女に過去世退行セラピーを勧めてみました。もしかすると、過去世にその原因があるかもしれない、と感じられたからです。私は直観的に、彼女の現在の苦しみは、過去世における彼女の色情のカルマが現われたものかもしれない、と考えたのです。

彼女はすみやかに記憶の奥に降りてゆきました。そして突然、ぼろをまとった娼婦が通行人にわめき散らしている場面に出くわしたのです。この娼婦は、ひどい皮膚病にかかっており、そのせいでもう誰にも相手にされなくなっていました。

彼女は、この娼婦のことを語る際に、明らかな嫌悪感を見せていました。それも当然でしょう。娼婦というのは、上流夫人という今の彼女の対極に位置するような存在なのですから。

私は彼女に、その娼婦の目をよく見てみるように、と言いました。すると、彼女は驚いて叫びました。「まあ、なんということでしょう！　彼女は私よ！」

ショックがあまりにも強すぎたのでしょう。彼女は急に長椅子から身を起こすと、すごい勢いで床に降り立ちました。その顔は怒りに燃えて、まるで夜叉のようでした。彼女は、怒気のこもった炎のような視線で私を射抜くと、シャネルのスーツを掻き合わせ、ドアのところに突進し、大きな音を立ててドアを閉め、あっという間に外に姿を消しました。

自分が娼婦だったかもしれない、という考えはあまりにも衝撃が大きすぎて、その時の彼女にはとうてい受け入れることができなかったのです。そこで、セラピーから逃げ出さざるを得なかったのでしょう。

もしこの時、ロー・ファン・セラピーを知っており、ガイド・スピリットたちの援助が得られていたら、もっと穏やかにことを進め、彼女の今世の自己イメージを壊さずに、また深刻な精神的打撃も与えずに最終的な解決にまで導けたであろうにと、今でもとても残念に思います。

もっともこの話には続きがあります。その後何年かして、私は彼女と再び会う機会がありました。その時に聞いた話によれば、彼女は私とのセッションの後で、何人かのセラピストとともに過去世における性的なトラウマの浄化を行なって精神的に完全に癒され、その結果として肉体的な病からもすっかり解放されたということでした。

サイコセラピーを行なう際には、クライアントは、身体的、精神的にトータルな存在として大切にされなければなりません。そして、セラピストはクライアントを最優先させなければなりません。クライアントをセラピストに奉仕させるようなことがあってはならないのです。

優雅に、そして完璧にセラピーを行なうには、セラピストは、自分のガーディアン・スピリットやガイド・スピリットたちの指導が受けられなければなりません。しかも、クライアントに対しても、そういった指導が受けられるようにしてあげなくてはなりません。

こうして、目に見えない仲間たちとともに、セラピストとクライアントとは、堅固な友情で結ばれた冒険旅行のチームを作り上げます。そして、みんなで手に手を取り合って進み、霊的な光で照らされることのなかった過去のあらゆる状況をおとずれ、そこに光と愛と癒しをもたらすのです。

## 〈過去〉はもう終わったこと？

過去世退行セラピーに関して、最もよく寄せられるのが次の質問です。

「今さら過去に触れたところでどうなるのですか？　もう終わったことではないですか。今の問題に集中した方がいいのではありませんか？　過去に戻るというのは、現在からの逃避になりませんか？　目の前の現実こそが大事なのではないでしょうか？」

「過去はもう終わったこと」というのは、むしろ間違った考え方であると言っておきましょう。過去は決して終わっていないのです。

例えば、五〇歳になってもまだ、一〇歳の時に母を、あるいは父を亡くしたことで苦しんでいる人がいます。この人は、いまだに過去のつらい思い、苦しみ、怒りなどを持ち越して背負っているのです。それが、今世のものであれ、過去世のものであれ、衝撃的な出来事は、霊的な気づきの光を当てない限り、また無条件の愛によって癒されない限り、いつまでも私たちの重荷となり続けます。

無条件の愛はどんな不安も恐れも消し去ります。無条件の愛さえあれば、神の子である私たちには何も恐るべきことは起こらないのです。たとえ死んだとしても、それは、もともと私たちがいた光の世界に還ることでしかありません。

いつも魂と結びついていれば、どんな状況に立ち至っても、どんな事件に遭遇しても、私たちが足を踏みはずすことはありません。

しかし、霊的な源泉からどんどん遠ざかり、自らの本質を忘れ、右脳を閉ざしてしまうなら――右脳というのは、直観、想像力、夢の座であり、霊界にもつながっている潜在意識への通路です――、左脳によって作られた限定的思考の中に閉じ込められて、自分に起こることをすべて、ひどい不幸、恐るべき破局、避けられない災厄であると見なすようになります。

そんなふうに制限された思考は、私たちの〈感情体〉の中に、裁き、恐れ、怒り、憎しみ、フラストレーション、恨み、自己憐憫、悲しみ、嫉妬といったネガティブな感情のクラスターを作ります。

そうした感情が強すぎて、受け入れられないほどのものであった場合、私たちはそれを拒絶してしまいます。そうすると、それは自分の生命の一部であるにもかかわらず、充分に生きられることなく、潜在意識の奥にある冷凍庫に放り込まれてしまうのです。こうして、氷の塊のようになったその感情は、いつまでも潜在意識の冷凍庫の中に保存されることになります。自分ではそれが無くなったと思っていますが、そのまま放っておいたのでは、それが無くなることは絶対にありません。

こうして、私たちは、自分自身の一部分を切り離したまま、そのことを自覚せずに生き続けます。私たちの〈内なる役者たち〉のうちの何人かが、私たちに耐えがたい苦しみをもたらすということで弾劾され、厳しい追放処分を受けたのです。

彼らは、左脳によって断罪され、忘却の冷凍庫に入れられ、二重に鍵をかけられます。こうして私たちは葛藤をもたらす状況を消し去ったつもりになっていますが、その状況は消えたわけではなく、時の彼方に置き去りにされただけなのです。問題を置いた場所が変わっただけで、問題それ自体は解決されていないのです。

事実、こうして〈隔離〉された人物たちは、そのまま冷凍庫の中で苦しみ続け、何年、何十年ものあいだ、あるいは何転生にもわたって、なんとか私たちの関心を引こうとしています。私たちの関心を引くために、彼らは、私たちの日常生活の中に、さまざまな問題、痛み、苦しみを引き起こします。そうすることによって、私たちが彼らの存在に気づき、彼らを隔離するのをやめ、無条件に愛するようにと、必死の思いでサインを送ってきているのです。

問題、障害、葛藤、苦脳、不調、緊張、病気などの数が多ければ多いほど、私たちは、過去において経験した苦しい状況に不健康なやり方で対処してきた、ということになります。〈感情体〉、〈精神体〉、〈霊体〉は、決して消滅することなく、一つの人生から次の人生へと引き継がれてゆきます。ですから、解決されなかった葛藤、うまく愛されなかった私たちの人格の一部分は、次の新たな肉体に持ち越されてそこで解決されようとします。より多くの愛と、より拡大された意識こそが、私たちの転生の目的なのです。

過去世に行くのは観光旅行をするためではありません。また、パーティで親しい友人に向かって、「ねえ、知ってる？　僕の前世は、ローマの皇帝だったんだよ！」などと言うためでもありません。

そうではなくて、中断している映画を再開するため、凍りついた感情の断片を暖かい愛の光で溶かすため、そしてその結果、生命の水を春の小川のように再び流れさせるためなのです。

そのためには、身体と精神の不調の原因となる制限された考え方を、積極的で明るい考え方に置き換えてやる必要があります。というのも、積極的で明るい考え方は魂から出て来るものなので、私たちの霊的な本質と常につながっているからです。

私たちは、〈魂を持った肉体〉ではなくて、〈肉体を持った魂〉なのです。

一世紀以上にわたって、西洋医学は完全な唯物主義に基づいて発達してきました。したがって、脳が思考を生み出し、思考は肉体の死と同時に停止する、と考えてきたのです。死の彼方には何も存在しないとされてきました。

しかし、ここ二〇年のあいだに流れが変りました。量子物理学の影響で、宇宙というのは大きな時計ではなく、エネルギーと物質の絶えざる変換の場である、と見なされるようになったのです。

そして光が時には物質となり（つまり、フォトンと呼ばれる粒子になり）、時には純粋な波動になる（つまり、電磁波の状態になる）ということを理解するようになりました。そして、人間の意識の関与、つまり人間の観測こそが振動状態にあるエネルギーを物質に変える、という事実が発見されたのです。つまり、人間の観測が物質に影響を与える、ということが証明されたのです。物質というのは、誰か人間が観測し始めた瞬間に誕生する、ということが分かったのです。

ホリスティック医学や量子物理学によって、思考を創り出すのが脳なのではなくて、思考こそが脳を創り出すのだ、というモデルが提出されました。この新たなパラダイムは、精神世界こそが実は物質世界を創り出したのである、と考えますが、これは古代から続いている伝統医学においてはまったく当たり前のことだったのです。

古代中国からマヤ文明に至るまで、ヒポクラテスの医学でも、アラブ、アフリカ、ポリネシア、北アメリカ、インカ、ペルシャなどの医学でも、常に、人間はまず光の存在、つまり〈霊体〉として創られ、その後に〈精神体〉や〈感情体〉が創られたのだ、と考えられています。

この三つの〈体〉が母胎となって、物理的な身体、つまり〈物質体〉を生み出すのです。ダーウィン主義者が考えるように、私たちの肉体は偶然配列された細胞がどんどん洗練された結果こうなったのではなく、私たちの思考と感情から生み出されたのだ、ということなのです。そして、思考や感情自体、私たちの〈霊体〉によって作り出されたものなのです。

この考え方は、人間は猿から進化したものだというダーウィンの説を新たな光で照らし出しました。制限の多い進化説を光の力で退け、人間の起源は霊的な本質である、というモデルを提出したのです。そして、むしろ人間は、物質の身体に宿って転生を繰り返したために、少しずつ自分の神聖な本質、つまり自分が不死であるという事実を忘れてきたのである、と考えるのです。

私のクライアントたちは〝ここ数世紀のあいだにも転生しているが、もっと古い時代、たとえばアトランティス文明やレムリア文明の頃にも転生しているようだ〟ということが分かった時は本当に興奮しました。そして、特に、この二つの文明に生まれた時は、高い霊性と霊能力を備えていたらしい、ということも分かってきました。

アトランティス文明とレムリア文明の頃を思い出してもらうと、彼らは一様に、驚くべき能力についての描写を始めるのです。たとえば、念力、または声、または水晶を使って一瞬のうちに病気を治したとか、心の力で物質を消滅させたり、出現させたりした、と言うのです。あるいは、自分の身体を非物質化して別の場所に出現させることができた（テレポーテーション）と言います。

そんな話を最初に聞いた時は、彼らが作り話をしているか、たぶん想像力が暴走しているのだろう、と思いました。しかし、お互いにまったく面識のない何十人もの人々、さらには何百人もの人々が、細部まで一致する同じ話をするのを聞いているうちに、私は、そういう古代文明において、人々は高度に発達した霊能力を持っていたのだ、と考えざるを得なくなりました。

たとえば、あるクライアントが、ある過去世において自分は、石のブロックを物質化させ、それらを念と音の力を使って積み上げてお寺を作っていた、ということを語った時、このクライアントは頭がおかしいのではないか、と思いました。しかし、やがて、別のクライアントを通して、古代エジプトではそのようなことがなされていた、ということを確認しました。

さらに、自分自身でも退行を行ない、エジプトのピラミッドも、ペルーのマチュ・ピチュも、さらにはイギリスのストーンヘンジも――それらの建築物では、巨大な石のブロックが寸分の狂いもなく積まれています――、トラックもブルドーザーも持たず、シャベルとツルハシしかなかった奴隷たちの手で作られた、という事実を確かめたのです。

私はそのことを、実際にエジプトに行き、アスワン・ダムによる水没を避けるため、一度解体されて別のところに移され、再び組み立てられたという古代の寺院をこの目で見ることによって確かめました。

ユネスコによって派遣された現場監督はイタリア人でしたが、彼は現代の科学技術によって発明された巨大なトラクターとクレーン車を使っていました。そのタイヤは、家の高さくらいありました。

石は一つずつ解体され、再びもとのように積まれたのですが、なんという大がかりな作業だったことでしょう。このイタリア人と話す機会を得た時、彼は私にこう言いました。

「いやはや、いくつかの石は、運ぶためにさらに六つか八つに切らなければなりませんでした。

ここに来る前は、私は当然、技術者として唯物主義者でした。しかし、ここに来て実際に作業をしてテクノロジーの限界を知った今は、エジプト人たちがこの寺院を作ったのは機械とか奴隷の腕力を使ってではなく、心の力を使ってだった、ということが分かりましたよ。どうやら私は神秘主義の技術者になってしまったようです」

過去世退行によって、私たちが知っている時代やそれ以前の時代について、きわめて興味深い情報を得ることができたのです。その結果、私たちは猿から進化したのではなく、他の星からやってきたのだと考えるようになりました。実際、アトランティス文明やレムリア文明の頃は、多くの人々が地球と他の惑星を行き来していたようです。もちろん、こうした考え方は、学校で習う歴史だけが唯一の絶対的な真理であると思っている人たちには大変なショックである、ということは充分承知しています。

時代が下るに従って、地球人と他の惑星の人たちのコンタクトは少なくなってきた模様です。特に、一般大衆には知られなくなりました。

私たちのクライアントが、科学技術の非常に発達したアトランティス文明や、霊性の非常に発達したレムリア文明について語る時、彼らは、シリウスや、プレアデス、ベガ、さらにもっと知られていない他の星から来た人々について語ります。こうした人々の訪問は、当時においては日常茶飯事だったようです。

当時、地球は宇宙の一つの村であり、他の村々と頻繁に交流していたのです。しかし、アトランティス文明が崩壊すると、その後には意識の後退の時期が来ました。私たちは、その低い意識の状態からまだほとんど脱していないようです。

ここ数千年のあいだ、惑星間の住人の往来はどんどん少なくなってきました。しかし、今後近い将来に、宇宙の他の惑星の住人たちとのコンタクトがもっと頻繁になるだろうと思われます。というのも、今、地球の波動がどんどん上がってきているからです。人々の意識が、日に日に高くなってきているのです。

私の妻ジョアンヌ・ラザナマヘイは、その著書『立ちなさい、小さな神々よ！』の中に、ガイド・スピリットたちから自動書記で受け取った情報を載せていますが、そこには人類史に関して驚くべき事実が語られています。すなわち、ここ数千年のあいだ、私たち人類は、恐れが原因で神聖な意識を無くしてしまい、もともと持っていた宇宙のあらゆる場所に出かけて行く能力を使うことができなくなってしまった、というのです。

スピリチュアル・サイコセラピーの仕事を続けて行く中で、地球上に転生する二つの人生のあいだに、他の惑星に転生することも可能らしい、ということが分かってきました。

クライアントたちが語ることに耳を傾けていると、本格的なSFを聞いているような気がしたものです。

家政婦、会計係、銀行員、教員、医者、スーパーのレジ係などの口から出る話を聞いていると、それが決して、例外的な、才能豊かな、きわめて知性の高い人たちだけの話ではないということが分かりました。

人間の人生というのは、実に様々な経験が、素晴らしいモザイクのように組み合わされたものなのです。しかも、その経験は、単に地球上だけでなく、この銀河系の他の惑星、あるいは他の銀河系にまで及んでいるのです。

## 自分の中に答えがあった

こうした驚くべき経験を前にして、当然のことながら、一つの疑問が心に浮かびます。「でも、人間の人生の意味とは何なのだろう？　どうして、そんな転生をするのだろう？　惑星間、銀河間でそんな旅をするなんて、その最終的な目的はいったい何なのだろう？」

長年のあいだ、クライアントからの証言を集めることによって、私は、自分の世界観、知的な枠組みを常に拡大し続けてきました。そして、この広大な宇宙でいったい何が起こっているのかを理解しようと努めてきたのです。

私は、そうしたことをあなたと今、分かち合おうとしているのですが、でも、次のように言うつもりはありません。「私を信じてください！　私は正しいのです。私は知っているのです！」

私は、〈教祖《グル》〉になるつもりはまったくありません。特に、「私を信じないと、あなた方は地獄の火に焼かれることになりますよ！」などと言って、弟子たちを妄信させるような教祖《グル》には絶対になりたくないのです。

私の願いは、あなたが、自分自身の道を歩んで自分固有の経験をしたい、と思えるようにしてさしあげることなのです。私はあなたを議論で打ち負かして納得させ、あなたを私の信者、私の弟子にしようと思っているわけではありません。

そうではなくて、あなたを勇気づけ、あなたが、自らの内に潜んでいる世界を探求してみたいと思えるようにしてあげたい、というのが私の本心なのです。あなたが内なる世界を発見すればするほど、あなたの心の地平は広がり、日常生活が情熱、驚異、人生への愛で満たされるようになるのを私は知っているからです。

私は、地球という星は、〈無条件の愛〉を学ぶために用意された特別な学校なのだと思っています。

〈無条件の愛〉に到達するのを最も邪魔するのが、左脳による〈判断〉あるいは〈裁き〉です。この知性による〈裁き〉こそが、私たちを、魂より流れ出ずる生得的な叡智から遠ざけるのです。もし私たちが裁きを手放せば、この叡智は、あらゆる時に、あらゆる場所で、私たち自身、そして私たちを取り囲んでいる世界についての真実を告げてくれます。

この地球上で転生輪廻を始めた頃、私たちはまだ魂と深くつながっており、霊的に高い意識を持ち、宇宙と一体となって生きていました。ところが、転生輪廻を繰り返すうちに、徐々にハイアー・セルフとのつながりを失い、自分自身について、世界について、神について〈裁く〉ようになってゆきました。そして、この〈裁き〉こそが、不安、悲しみ、病気を生み出していったのです。

〈裁き〉は私たちを孤立させます。この〈裁き〉から解放されるためには、私たちは、深い癒しの体験を必要としています。

例をあげてみましょう。ある時、一人の男性が私を訪ねてきました。どうしても経済的に成功できない、というのです。

一見するなり、私は、「ああ、この人はお金とは縁がないなあ」と感じました。何をやったところで、指のあいだからお金がすべり落ちてしまうタイプに見えたのです。

彼自身、これは世間の悪意や不正が原因なのではなくて、何か自分の中にあるものが原因になっているらしい、と感づいているようでした。

「何かが問題なのです」と彼は言いました。「私の中に泥棒がいて、私が少しでもお金をためると、そいつが盗むように感じられるのです」

そこで、私は、一緒にあなたの潜在意識に入ってみて、その問題の原因となっているものを見てみませんか、と提案しました。彼が同意したので、心を静め、まず心の庭に入り、〈光の剣〉を手に入れ、時間のトンネルに入って行きました……。

彼が見た光景は、本当にびっくりするようなものでした。数世紀前の中東で、彼は大金持ちの大臣をやっていたのです。権謀術数を駆使して、彼は位人臣《くらいじんしん》をきわめました。やがて国王を暗殺することさえしました。

しばらくのあいだ、この栄華は続きました。しかし、そのうち、とてつもない恐怖が湧いてきて、その豪奢な生活は台無しになってしまったのです。自分が国王に対してしたことを、今度は自分の家来が自分に対してするのではないかと思い始めたのです。寝ても醒めても、その恐怖がつきまとうようになりました。

そして、その恐怖から誰彼となく疑うようになり、謀反を起こす可能性のある者は全員、投獄するかあるいは殺害しました。

物質的にはこの上なく恵まれていましたが、心はまさしく地獄でした。誰も信用できないので、徹底的に引きこもりました。どれほどお金があったところで、愛も、安心も買えない、ということを思い知ったのです。

そして、ついに恐れていたことが起こりました。ある夜、とうとう家来に暗殺されたのです。肉体から離れる時に思ったのは、「こんなことはもう、こりごりだ」ということでした。

金持ちになると孤立して殺される、という思い込みがこうして作られ、潜在意識に刻み込まれました。そして、この図式を、何転生にもわたって持ち越したのです。

次のセッションの時、彼に、その大臣にもう一度会って、心から愛をこめて話しかけてみたらどうでしょう、と提案しました。彼は、自分の一部であるその大臣のことを完全に理解していました。そのドラマの一部始終を知っていたからです。そこで、彼に別の方途を示し、希望を与えることができました。彼は、その大臣にこう言ったのです。

「さあ、どうか私の話を聞いてください。私は、あなたの未来の姿です。そして、今あなたに、権力と死ではない、別のやり方を示すために戻って来ました。

良い君主になって、人民に恩恵を施し、人民を豊かにするのです。あなたのまわりに賢い者たちを配し、彼らの意見に基づいて国を運営してください。

そうすれば、やすらぎに満ちた、祝福された人生を過ごすことができるでしょう。私は絶えずあなたのそばにいて、愛に至る道を指し示すことにします……」

このようにして〈映画〉の内容が変わり、人民に恩恵を施す君主の一生となりました。彼は、あらゆる国民から慕われて高齢まで生き、親しい人々に囲まれて幸福に生涯を終えたのです。

セラピーの最後に近づいた時、このクライアントは、心の中のビデオカセット収納庫に行きました。そして、そこの管理人にかけ合い、『不幸な君主の一生』と題されたビデオを、改訂されて再編集された新しいビデオ、すなわち、物質的豊かさに対するポジティブな思考で満たされた『幸福な君主の一生』という題の新しいビデオと置き換えたのです。

最後に、彼は、心の中で友人たちを招いて豪華な大宴会を開きました。そして、音楽が響きわたる中、彼は〈繁栄の王女〉と結婚したのです。

セッションを終えて、長椅子から立ち上がった時、この若者の顔は、若々しい笑みと活力にあふれ、生きる喜びに輝いていました。

数年後、私はこの若者と偶然、街なかで再会しました。オーダー・メイドのスーツを優雅に着こなした彼は、右手に皮でできた上品なアタッシェ・ケースを提げていました。しかし、名前を告げられるまで、私はその人が件《くだん》のクライアントだとはまったく分かりませんでした。というのも、私が彼を治療していた頃、彼はいつもすり切れたジーンズをはき、安物のＴシャツを着ていたからです。

「現在は大きな会社の幹部です」と言うと、彼は本当に愉快そうに笑いました。そして、ウィンクするとこう付け加えたのです。「例の大臣とは仲良くやっていますよ。財政上の素晴らしいアドバイスをよくしてくれます」

このケースは決して例外的なものではありません。〈貧乏のプロ〉と思われていた人たちが、ひとたび自分の問題の本当の原因を探り、精神的、感情的に癒されて考え方の枠組みを変化させると、繁栄への道をまっしぐらに突き進むようになるのです。

この若者のケースでは、恐怖に満ちた自分の過去世の経験から〝豊かになると必ず孤独になって殺される〟と思い込んでおり、その結果、あらゆる手段を使って豊かになることを避けていたのです。

これこそが、ヒンズー教においてカルマと呼ばれているもの、すなわち〈原因と結果の法則〉なのです。

何かを思うと、その思いに応じたことを私たちは引き寄せるのです。ポジティブなことを思えば、ポジティブなことを引き寄せます。逆に、心の中で人を裁き、人を嫌い、人をののしると、それと同じことを今度は他者からされることになるのです。

私は、それを自分の人生で嫌になるほど経験しました。

## 不幸があなたに教えるもの

医者になりたての頃、私は〈健康マニア〉でした。自然食品による食餌療法を試みており、あらゆる化学製品を避け、年に数回、断食を実行していました。そして、煙草をやめられない人たち、酒やドラッグにはまっている人たちを心底軽蔑していました。慢心しきっており、自分の健康を完全に管理しているつもりでいました。薬物をやめられないのは彼らがダメな人間だからだと思っていたのです。

〈自己管理もできずにドラッグに溺れるどうしようもない連中〉に対する私のそんな態度が、とんでもない思い上がりだということが、その時はどうしても分からなかったのです。そう思うことによって、私は、〈裁きの思い〉を宇宙に発信していたのです。そして、その思いは、カルマの法則に従って、やがて、自分にだけは決して起こり得ないと思い込んでいた悲惨な経験を私のもとに呼び寄せることになったのです。

その経験をするのに、次の転生を待つまでもありませんでした。

私は、ある幻覚剤を服用して人工的な天国状態を味わい、その薬剤に強度に依存するようになったのです。それはまことに奇妙な期間でした。私はサイコセラピストとして患者を看ることを完全にやめ、ほとんどすべての時間を人工天国の探求に費やしました。健康生活に関する私の数多くの講演を聞いていた人たちが、少しずつ私から離れてゆきました。私の姿を見て恐れおののいたのです。しかし、私はそんなことにはおかまいなく、自分でも何をしているのか理解しないまま、薬物中毒の迷路の奥に踏み込んで行くばかりでした。あれほど健康生活を実践し、賞賛していた私が、今やとんでもない薬物中毒患者になってしまったのです。

自分は状況をうまくコントロールしているという錯覚からようやく覚めた時、私は事態の深刻さを知って愕然としました。完全に薬物に依存していることに気づいた私は、ただちにセラピストの友人たちに援助を乞いました。彼らのおかげで私は地獄へ人を引きずり込む渦巻きから脱け出し、ようやくバランスと自立を取り戻したのです。

依存の恐ろしさを味わいつくしたので、私は、その後、薬物中毒にかかった人たちに対してはるかに寛大になれました。彼らを象牙の塔のてっぺんから見下ろし、裁き、「かわいそうに、なんて不幸な人たちなんだろう……。僕は、幸い神様に愛されているので、あんなふうにはなっていないぞ」と思うことはなくなりました。

彼らに対して心を開き、〈放蕩息子〉としての彼らの人生を分かち合わせてもらうようになったのです。彼らだって本当はそうしたくなかったのです。そうしたくなかったにもかかわらず、お父さんから遠く離れ、豚たちと取り合いをしながら臭い残飯を食べているのです。

私の内なるパリサイ人《びと》は良きサマリヤ人に変身し、自分のマントを貸す余裕ができたのです。

私の得意の絶頂の時の〈裁き心〉は、絶対に自分には起こるはずがないと思っていたつらい経験を私に引き寄せました。私たちが、地上というこの学校にいるのは、〈裁かずに無条件に愛する〉ことを学ぶためです。したがって、私たちが批判し、嫌悪し、恐れ、拒絶している経験を自らとことん味わう、ということにもきちんとした意味があるのです。

ある時、長年にわたってしつこい湿疹に悩まされてきた六〇代の男性がやって来ました。逆症療法のあらゆるクリームを試し、さらに自然療法家を次から次へと訪ね歩き、食餌療法も試みましたがついにこれといった効果があがらなかった、ということでした。

そして、最後に残された可能性として、彼は、潜在意識に参入し、このしつこい皮膚病の原因を探ることに決めたのです。

何度か準備のためのセッションを行ないました。というのも、この人は典型的なビジネスマンであり、左脳ばかり使って右脳を使ったことがなかったのです。ですから、感情を浄化するためのエクササイズを行ない、リラックスする練習をし、ビジュアライゼーションの訓練をする必要がありました。

いよいよ過去世退行を始めると、ある貴族の人生が見えてきました。この貴族はフランスの王宮で生活しており、庶民を軽蔑しきっている高等遊民《スノッブ》でした。

この横柄な貴族は、宴会漬けの豪奢な、しかし上べだけの生活を続けた果てに、やがて悲惨な最期を迎えました。性病にかかり、身体じゅうの皮膚がただれ、顔は正視することができないほどのひどい状態になってしまったのです。何年ものあいだ自己嫌悪に苦しんだあげく、彼は生きることが嫌になり、ついに自殺しました。

その貴族が自殺しようとしている場面に行って話しかけてみましょう、と言うと、その人はさめざめと泣き始めました。やがて落ち着くと、心を込めて、顔のただれたその貴族に話しかけました。

「自分を裁いてはいけません。どうか、私の言うことを聞いてください。私はあなたを愛しています。あなたがどんな顔になろうとも愛しているのです。さあ、手を貸してください。手をつないで一緒に死を通りぬけ、光の世界に行きましょう」

梅毒にやられて滅茶苦茶になった顔でその貴族はやすらかに微笑み、一緒に死を超えたやすらぎの世界に入って行きました。

この後のケアとして、私はこの男性に次のことを提案しました。それは、これから毎朝、鏡に向かって愛の気持ちを込め、次のように言うことでした。「君を愛しているよ。君の姿がどんなになろうとも、心から君を愛している」

そして、このケアを二週間実践したら、ある儀式をするように、と言いました。それは、誰も来ない森に古い下着と古い服を着て行って〈これは〈古い皮膚〉の象徴です〉、それを森の中ですべて脱ぎ、あらゆる苦しみと悲しみをその服に込めて完全に燃やし尽くす、というものです。そして、素裸の状態でその火に当たり、火が新しい皮膚をもたらしてくれると信じるのです。

次に、カバンに入れて持って行った新しい下着と衣服を身につけ、その新しい〈皮膚〉とともに新しい生活を始めることを誓います。

彼は、目を輝かせて次のように言い、それから帰って行きました。「私の理性は、そんな馬鹿なことをするんじゃない、と言っていますが、それでも私は、きっとそうすると思います」

後になって、彼がその時のことを話してくれました。

「古い服を着て森の中を歩いている時、正直言って、こんな馬鹿ばかしいことはやめよう、と何度も思いました。『こんな馬鹿げたことをしないで、服をバザーに出したほうがずっといいぞ』という思いが何度も心をよぎったのです。引き返そう、とどれほど思ったか分かりません。でも、この皮膚病には本当に苦しんでいたので、心の抵抗にあらがって、むりやり進んでいきました。どんなことをしてでも治りたかったのです。

やがて、小川のほとりの、ちょっと開けた場所にたどりつきました。夜が近づいていました。私は薪を集めて積みました。

夜になって真っ暗になりましたが、まだやる気になれません。正直に申しますが、そんなことをするのが本当に怖かったのです。だって、その時まで私は正真正銘の〈まともな〉人間だったのですよ。夜中に森の中で着ているものをぜんぶ脱いで、それを燃やすなんて！

でも、追いつめられて仕方がなくなり、ついに始めようと決心しました。薪にまず火をつけました。いったん火をつけると、少し気が楽になりました。不安を追い払うために、大きな声で歌を歌い、踊り、叫びました。

私は、取り澄ました顔の後ろに長年にわたって隠してきたあらゆる感情を解き放ちました。

それから、服を一枚ずつ脱ぎ、『過去も、病気も、もう終わった！』と叫びながら火にくべてゆきました。

こんなことは絶対におかしい、まるで気が狂ったみたいだ、と思っていました。しかし、その一方で、私は完全な自由を感じていたのです。タブーを燃やしているみたいでした（小さい頃、衣服は大切にしなければなりませんでした。弟たちにお下がりとして与えるためです）。

すっかり裸になると、焚き火の火が肌に心地よく感じられ、気持ちよさが心にじわじわとしみ込んできました。身体全体がオーガズムを感じているように思われました。私は今まで家の外、自然の中で裸になったことがなかったのです。恥ずかしいけれど、ものすごく新鮮な感じがしました。まるで生まれ変わったみたいでした。

めちゃくちゃに叫びながら、野蛮人みたいに火の回りを踊り狂いました（そして、頭の中では、会社の同僚がこれを見たらいったいどう思うだろうか、と考えていました）。それから、持ってきた新しい下着と服を身につけました。そのあいだじゅう、自分に対して、『愛しているよ』と言い続けました。本当に素晴らしい体験でした。

その後、焚き火から少し離れ、星を眺めました。星たちはキラキラと輝き、まるで私を祝福してくれているかのようでした。

もう夜が怖くありませんでした。まるで夜もまた私を愛してくれているかのように感じられたのです。夜は私の母、そして私を生んだ存在でした。

人生と、私の身体と、火と、夜と、そして空と和解したこの日のことは、これから一生のあいだ、決して忘れることができないでしょう」

自分をこれほど愛する人が皮膚病であり続けることなど果たして可能でしょうか？　三週間後には、皮膚病はすっかり姿を消していました。

彼は、ささやかなパーティを催し、私も呼んでくれました。それは、ビジネスの成功を祝うという口実で行なわれたのですが、私が着くと、彼はウィンクしてこう言いました。「この衣装は素敵でしょう？　これが私の新しい皮膚なんです」

## あなたを苦しませるものの正体

もしこの地上が、〈裁かない心〉を学ぶための学校だとしたら、その学校から離れるために死ぬ必要などあるでしょうか？　死は、むしろバカンスだと考えるべきなのです。休息の期間、再生の期間、反省そして熟考の期間なのです。

肉体を去ると、私たちは、自分の〈感情体〉と〈精神体〉をたずさえて、ガイド・スピリットたちに助けられ、魂の光のもとに戻ります。そして、今終えたばかりの人生を見直して点検するのです。

地上にいた時とは比較にならないほど統合された意識で、自分の一生を一本の映画でも見るように眺めます。自分の経験をすべて感じ直すだけではなく、自分と出会った人々全員が経験したこともすべて感じ取ります。

もし、人生の途上で誰かを苦しませたとすると、その人の苦しみを自分のことのようにつぶさに感じます。そして、しばしば、もし可能なら、もう一度地上に戻ってこの場面をやり直したい、という思いを持つのです。もっと優しくすればよかった、あんなにひどいことをするんじゃなかった、と後悔するのです。

ある父親が、一六歳の娘に責められて苦しんでいました。ことあるごとに娘が彼のことを非難するのです。彼はこれにはほとほと参りました。というのも、彼はできる限りのことを娘にしてやっている、と考えていたからです。

どうすることもできなくなって、彼は私のところにやって来ました。過去世退行を試みてみると、アラブの国での過去世が出てきました。その人生で、娘は彼の奥さんでした。アラブの風習に従って、彼は奥さんに厳しくし、またつらく当たりました。そして、暴力をふるうことまでし、ついには離縁したのです。これは、当時の奥さんにとっては、乞食になるということを意味していました。

この時の、愛に乏しい人生が映画のようにまぶたの裏に映し出されるのを見ながら、彼は、心を深く動かされていました。そして、その過去世の自分を裁かないように、嫌悪しないようにするため、かなりの努力をしているようでした。その時の自分の目を見つめることにより、厳格さが不安からきていることを理解して、なんとか自分を裁かずにすみました。

それから、私は、その人物に愛と思いやりの気持ちを送るように言い、どうすれば新たなシナリオが書けるかを彼に教えてやりました。私のアドバイスに素直に従った結果、その人物は、その妻とのあいだに、愛に満ちた、平等な、分かち合いの人生を築き直すことができたのです。二人でおだやかに年をとり、家の敷居に座って孫たちが遊ぶ姿を楽しそうに眺めているのを確認して、この男性は過去世への旅を終了しました。

最後に、〈光の剣〉からレーザー光線のような光を二人に照射すると、二人の姿は、白く輝いて光の中へ消えて行きました。

二日後、その男性は興奮して電話をかけてきました。「先生、驚くべきことが起こりました。娘と初めてちゃんと話ができたのです。私が過去にしたことをすべて詫び、許しを乞うたのです。私たちは二人とも泣き、お互いに愛の言葉を与え合いました。こんな素晴らしい形で和解できるなんて考えてもみませんでした」

過去世退行セラピーの素晴らしい点は、霊的な意識を持てなかったために生じさせてしまったかつての苦しい死の体験を、深く深く癒せることです。

死とは、父なる神のもとに帰ることにすぎません。死とは、解放、自己拡大、至福の別名にすぎないのです。

一方、肉体こそが唯一の実在だと思っている人にとって、死とはまことに耐えがたいものです。そういう人にとって死とは、牢獄からの解放ではなくて、虚無への転落なのです。なんという恐ろしいことでしょう。

時として、この恐怖があまりにも強すぎるために、光の世界に入って行けない人がいます。そして、いわゆる〈地獄〉と言われる領域に行くのです。そこは否定的な感情で満たされており、黒い雲がかかって天上界の光をさえぎっています。

この暗鬱な〈ノーマンズ・ランド〉と言われる場所には、恐怖、怒り、憎しみ、呪詛《じゅそ》、復讐の念、神への反逆、無力感などに囚《とら》われた人々があてどもなくさまよっています。光に呼びかけない限り、彼らは、天使たちやガイド・スピリットたち、また彼らより先に亡くなっている肉親たちにコンタクトすることができません。

地上に残された人たちが、死んだ人を勇気づけて、生命の源泉に近づいて行くように促さず、また、彼ら自身、悲しみと、後悔と、苦悩の中に打ち沈んでいる場合、死んだ人はなす術《すべ》もなく、恐怖に満ちたこのあまりにも人間的な場所——つまり地獄のことです——からなかなか抜け出すことができません。いつまでも混乱と暗闇の中で堂々めぐりをするしかないのです。

こうした亡者たちのうちのある者は、肉体を失った恐怖に耐えきれず、また地上の生命こそが唯一の実在だと思っているので、時として地上に這い上がってきて、霊体との結びつきがしっかりしていない肉体を見つけ出して〈不法占拠〉することがあります。これが、〈憑依〉といわれる現象です。ネガティブな感情を抱きやすい人が、しばしばこの憑依のターゲットとなります。

よく、〈怒りに我を忘れる〉と言いますが、まさしく言い得て妙、この時、その人は自分自身でなくなっているのです。また、あまりの不安や悲しみを感じると、その人は無意識のうちに、そんなにつらい物質世界を離れ、自分の肉体から去り、空想の世界に遊ぶことがあります。その時、この人は〈焦点の定まらない目をしている〉ということになりますが、地獄の亡者たちはこういう肉体を見逃しません。これ幸いと憑依してくるのです。こうなると、その身体を動かしているのはもう本人ではありません。地獄の亡者が、その身体を使って、地上で自分の思いを遂げようとしているのです。

精神病とされているものの大部分は、実はこの憑依という現象によるものです。西洋諸国の精神科医たちは、唯物主義に骨の髄まで冒されているので、このことがまったく分かっていません。〈感情体〉、〈精神体〉が存在するということがどうしても分からないのです。ですから、患者たちに強力な向精神薬を投与するだけであとは何もしません。本当は、彼らに憑依している者たちに向かって、「あなたはもう死んでいるのですよ。そんなふうにして憑依して人を苦しめていると、あなたもさらに苦しむだけなのです。そんなことはもうやめて、早く光の世界に帰りなさい。光の世界に帰れば、本当に幸福に過ごすことができるのです」と諭さなければいけないのです。

今から一五〇年ほど前、フランスのリヨンにおいてアラン・カルデックが、ダイナミックなスピリチュアリズムを提唱し、それはまたたく間にヨーロッパじゅうに広まりました。あの世の霊と交信できるという事実が、人々を興奮させたのです。数多くのグループが結成され、地獄に閉じ込められていた霊たちをたくさん解放して、無事に光の世界に還しました。

どのようにやったかというと、まず、何人かの人が輪を作り、一緒に祈ります。そして、ガイド・スピリットたちに支援をお願いし、参加者の誰かがトランス状態に入ります。すると、地獄の亡者たちの誰かが、その肉体を支配し、言いたいことをしゃべり出すのです。グループの人々は、その亡者の訴えることを注意深く聞き、その苦悩、不安、恐怖、悲しみを理解してやります。そして、その後、愛と暖かさをその霊に送り、光の世界、すなわち天上界に還るように諭すのです。

しかし、科学主義がはびこり、唯物主義が勝利を収めた結果〈反理性的〉なものとみなされたこの運動は、フランス革命の結果〈至高の存在〉として祭り上げられた理性によって厳しく断罪されたのです。大衆はこぞってスピリチュアリズムをこき下ろし、このデカルト主義の国フランスにおいて、アラン・カルデックが始めた運動はついに息も絶え絶えになってしまいました。

ヨーロッパでは、かろうじてイギリスで、このスピリチュアリズムの運動は生き延び、今も生き生きと命脈を保っています。

シャーロック・ホームズの生みの親であるアーサー・コナン・ドイル卿がスピリチュアリズムの運動に生命と財産を捧げたおかげで、今日でもイギリスにおいては、病院に入院した人でさえ、正式に霊的な治療を受けることができるのです。

イギリスには、〈医学的に見て不法な治療〉というのは存在しません。あらゆる人が、ヒーラーになり得ます。そして、あちこちに、霊能力者を養成するセンターや学校があるのです。興味深いことに、アラン・カルデックの業績は、はるか彼方のブラジルにおいて肥沃《ひよく》な土壌を見出し、そこで豊かな実りをもたらしました。

ブラジルでは、スピリチュアリズムの運動は何百万人もの会員を擁し、各種学校、孤児院、大学、病院をも巻き込んでダイナミックに展開しています。

ブラジルに行った時、私は、手術室も薬剤も備えていない病院を訪問したことがあります。その時は、本当に驚いたものです。その病院で行なわれていたのは、心霊手術と霊的な治療だけでした。霊媒が、霊界の医者を呼び降ろし、患者を治療するのです。近代的な医療設備はいっさいありませんでした。

この驚くべき病院には深いやすらぎが満ちていました。薔薇の香りとジャスミンの香りが廊下やホールに漂っているのでした（天使たちが降りて来ている時、よくそういう香りがするものです）。

転生輪廻の思想を理解すると、世界が全く違って見えるようになります。そして、神に反抗する必要などまったくないのだ、ということが分かります。

もし、人間が一度しか地上に生まれないとしたら、神というのは、愛に満ちたお父さんではなくて、精神に異常をきたしたとんでもない暴君になってしまうのです。

そのことを、アラン・カルデックは、『霊との対話①　―宇宙の根本原理―』において、次のように説明しています。

「あらゆる霊が、完成を目指しています。そして、神はそのために、彼らを肉体に宿らせて地上という試練の場に送り込むのです。しかも、神は公正を守り、彼らに対し、それ以前の地上生活でできなかったこと、あるいはやり遂げられなかったことをするようにと促します。

すでに障害に出会ってそれを乗り越え自らを向上させた霊たちに、またしても同じ試練を与えるとしたら、神の公正も善意も疑わしいものとなってしまうでしょう。

また、死後の人間の運命が、まったく一律に、変更の余地なく定められているとしたら、神は公平に各人の行為を評価していないことになり、私たちは神を信じることができなくなります。

転生輪廻の理論は、人間が何度も生まれ変わることを認めます。そして、この理論こそが、他の人よりも精神的に劣っている人間がいるという事実を説明できるのです。また、この理論こそが、死を超えた彼方にある世界を説明することができ、私たちの希望を保証することができるのです。転生輪廻があるからこそ、私たち人間は、何度も生まれ変わってさらに向上してゆけるのです」

アラン・カルデックのガイド・スピリットの一人であるジョアンナ・アンジェリスは、そのことを、ある交霊会で次のように伝えてきました。

「転生輪廻には合理的な目的があります。つまり、転生輪廻があるからこそ、霊たちは自己実現が可能なのです。地上に転生するたびに、霊は意識を拡大し、なるべく多くの生き物を愛することができるようにと努力します。

神の国は、限られたエリートたちだけのオアシスではありません。自己限定と不安を超え、幻想を捨てて無用な恐怖を断ち切り、物質への執着から自由になって神聖な意識に到達し、自己の生命を惜しみなく他者に差し出した者たちは、全員、神の国に入れるのです」

ブラジルでは、地獄にいる霊たちを救い出す作業が、ヨーロッパ人の目からしたら驚くような規模で、数多くの場所において行なわれています。

例えば私は、サン・パウロにおいて、有名な霊媒画家であるルイス・ガスパレットが主宰するスピリチュアル・センターで行なわれたセッションに参加してみました。また、少なくとも一二のサークルで――それぞれが八人で構成されています――救霊活動が行なわれています。こうしたサークルでは、地獄にいる霊を呼び出して世話をし、光の世界に還るようにと説得します。

そうしたセッションでは、非常に印象的な光景に出くわしました。というのも、地獄からやってきた霊が、霊媒を通して自己表現をする際に、叫び声をあげ、罵詈雑言《ばりぞうごん》を浴びせ、激しく身体を動かすからなのです。それらは、地獄霊が今どれほどつらい状況にいるかということを如実に物語るものでした。

精神の病、肉体の病の多くはこうした地獄霊による憑依が原因となっていますが、憑依している霊が患者から離れて光の世界へと旅立つと、そうした病気が、まるでうそのように瞬間的に治ってしまうのです。これは、本当に深く心に残りました。

こうした現象を信じない人にとっては、すべてが疑わしく、異様に見えるでしょう。しかし、ローマの諺《ことわざ》にもあるように、「真実を前にした時、あらゆる理屈は意味を失う」のです。つまり、事実は事実、真実は真実であって、真実に勝るものはないのです。

霊的な治療がその本領を発揮するのは、特に、西洋医学が匙《さじ》を投げた病気を治すときです。詳しく知りたい人は、ディヴァルド・ペレイラ・フランコの『エーテルによる癒し』を読んでみてください。

この本には、一八歳の時に悪霊に憑依されて気が狂ったようになった少女の真実の物語が掲載されています。何年ものあいだ精神病院に閉じ込められても治らなかった彼女が、あるスピリチュアル・グループのおかげで憑依霊から解放され、見事に快癒するというものです。

彼女に憑依し、彼女を苦しめていた霊と、彼女がそれ以前の転生でどのように関わっていたかということも詳しく報告されています。こうした書物を読むと、それぞれの個人を転生から転生へと導いている霊的な計画が非常によく分かるようになり、人生の仕組みが心の底から納得できます。

憑依現象は、こうした精神病のケースのように常に劇的なものであるとは限りません。たとえば、〈プチ憑依〉と呼ばれるケースがあります。このたぐいの憑依では、憑依された人は、ある特定の状況においてのみ悪霊の影響を受けるのです。例えば、薬物やアルコール、または向精神薬などを飲むと意識の抵抗力が弱まり、その結果憑依が起こる、ということがあります。

私は、とても控えめなある若い女性を知っていたのですが、彼女は、お酒を飲むたびに突然攻撃的になり、聞くに耐えないような罵詈雑言をまわりの人に浴びせかけるのでした。それは、普段のおしとやかな彼女を知っている人間には、とうてい信じられないような光景でした。

実は、こういう時、彼女の中には強烈な悪霊が入っているのであり、彼女がいくら抵抗しようとしてもどうにもできないのでした。

彼女を治療する過程で、彼女が直前の過去世において、獰猛《どうもう》で、情け容赦のない海賊だったことをつきとめました。この海賊は、死んだ後に地獄に堕ちました。そして、女性として今回生まれた後も、この海賊の部分が、魂の断片としてこの女性の内部にいわばカプセルに入ったような形で埋め込まれていたのです。彼女は、この海賊に対し、あなたはもう死んでいるのよ、と教え、天上界に向かって昇って行くようにと説得しました。この海賊は言うことを聞いてついに光の世界へと上がって行きました。こうして、この女性は、暴力的な言動から解放されたのです。

この現象は非常に興味深いものです。というのも、過去世で受けたトラウマが、どのようにして今世に影響を与えるのか、ということを説明してくれるからです。そうした影響は常時見られるわけではなく、ある特定の状況に限って見られます。

私たちは、したがって、様々な悪霊に憑依され得ると同時に、自分自身の魂の一部からも霊的な悪影響を受けることがあると言ってよいのです。そうした部分は、カプセルに入ったような形で、私たちの心の奥に身を潜めています。

そうした部分は、私たちの生命の流れから切り離されて孤立しており、私たちの裁きによってかつてと同じような状況に置かれるとひどく苦しみ、自分の存在を知らせようとしてサインを送ってくるのです。私たちが〈それ〉に愛を与え、苦しみから解放してやることをひそかに待ち望んでいるのです。

精神科医やスピリチュアル・サイコセラピーの実践家が、地獄界にいる霊たちの影響を研究すると、非常に大きな実りがもたらされます。私たち人間は、本来多次元的な存在であり、私たちの心で起こる現象は多様であるとともに複雑でもあります。

〈憑依〉現象を扱うには、自分自身のガーディアン・スピリットやガイド・スピリットたちの協力や指導がどうしても必要です。そうした協力や指導なしに事に当たると、私たちの様々な下位人格や、私たちのまわりに徘徊している悪霊の影響を受けて、何がなんだか分からなくなってしまう可能性があるからです。

私たち自身の霊的本質から絶えず叡智を受け取るためには、私たちがこれまでの人生で作り上げてきた幻想や錯覚、思い込み、間違った信念体系をすべて捨て去らなければなりません。外部の状況に苦しみの原因があるという錯覚を投げ捨て、私たちの影の人格の影響から自由になり、肉体に宿っている人達のみならず、肉体を持たない霊人たちからの悪《あ》しき働きかけもきっぱりはねのける必要があるのです。

霊的に覚醒するためには、輝ける光の世界とのコンタクトから私たちを遠ざけようとする、ありとあらゆる暗い影響から自由になることが不可欠なのです。

### 悲しみを抱きしめてあげて

セラピーの最中に、トラウマを引き起こした過去の状況に遭遇したら、そこから癒されるために、その状況に関わる自分の中の様々な部分をよく見て、深く理解することが必要です。その状況のただ中にいる過去の自分の目の中をのぞき込んで、その時の自分の感情や考えをすべて理解してあげることが大切なのです。愛の思いで目の中をのぞき込めば、私たちは一瞬のうちにその人になることができます。

セッションの最中にクライアントが、過去の自分の肉体や服の特徴を述べ終えたら、次のように言いましょう。「その人物の目をのぞき込んでみてください。そうして感じられたその人の感情や考えをすべて言ってみてください」

クライアントが説明し終わったら、さらに次のように言ってみましょう。「他の感情、他の考えがもっとあるのではありませんか？」

そうしてその人物の心に関する描写がすべて終わったら、セラピストはこう聞くのがよいでしょう。「今度は、あなたの魂に聞いてください。この人を癒すのに必要なことはなんだろうか、と。そして、分かったら、それを映像、言葉、行動などで表現してあげてください。あなたは〈光の剣〉を持っています。必要ならその剣を使ってください」

こうした作業がすべて終わったら、件の人物がそれらを受け入れたかどうか聞いてみてください。もし、受け入れなかった場合には、何度でもやり直し、彼が作り上げた硬い殻をなんとかして割ってやらなければなりません。

それからこう言います。「その人のためにできることはすべてしてあげた、という感じがしますか？」

クライアントが同意したら、こう付け加えてください。「心の中で、彼にこう言ってあげましょう。『私を自由にしてください。私もあなたを自由にします』それから、彼に、あなたからの愛を込めたプレゼントをイメージで作って、贈ってあげてください。そして、彼が光の世界に入ってゆくのを見とどけましょう。彼が完全に光の中に消えたら、合図をして教えてください」

セラピーにおけるこの段階はとても大切です。というのも、私たちが、〈裁き〉によって生命から切り離し、凍りつかせ、私たちの潜在意識の奥にある暗い牢獄に閉じ込めてきた私たちの人格の一部に、ここで再び自由を与えなければならないからです。

私たちは、人生のどんな場面においても、出来事を常にあるがままに受け入れなければなりません。それから、その状況に責任を取ります。この場合の〈責任を取る〉とは、〈その状況を解決するために建設的に反応する〉、ということです。〈責任を取る〉というのは、どうすればよいのか分からない自分を責めて罪悪感を抱かせる、ということではなくて、自分の今の能力を最大限に生かして積極的に対処する、ということなのです。

言えることを言い、できることを行ない、与えられるものを与えたら、その状況を手放し、自分を信頼して、再び歩き始めればよいのです。精神的にも、感情的にも、過去を引きずるべきではありません。

しかし、多くの人が、一生のあいだ両親を背負い続けていることもまた事実なのです。

ある時、多発性の関節炎で苦しんでいる七五歳の老婦人が、私のところに相談に見えました。非常に重篤で、ほとんど歩けないほどでした。

直観的に、父親とのあいだに問題がありそうだと感じたので、

――お父さんとの関係はいかがでしたか？

と尋ねると、彼女は勢い込んでこう言いました。

「父は、とても厳しい人でした！　でも、正しい人でもあったのです」

私は、小さな声で付け加えました。

――しかも、柔軟性を欠いていたのですね？　ちょうど、あなたの関節のように……。

それから彼女の同意を得て、セッションに入りました。彼女は、閉じたまぶたの裏のスクリーンに父親を映し出し、その描写を始めました。背が高く、自信満々で、議論に負けたことがなく、支配的で、傲岸不遜でした。それから彼女はこう言いました。

「私は父を見上げています。たぶん私が三歳か四歳の時でしょう。私は、父を、父の大きな声を、その厳しい目つきを恐れています」

私は彼女に尋ねました。

――お父さんの目の中をのぞき込んでください。何が見えますか？　お父さんの感情、考えが感じ取れますか？

「厳しさ、怒りが感じられます」

――もう一度よく見てください。その厳しさ、怒りの背後にあるものを見てください。そこに何がありますか？

「なにもありません。他には何も感じられません。私は父がすごく恐いのです」

――〈光の剣〉の先を向けて、お父さんの厳しさに光を当ててみてください。すると、その背後にあるものがみえます。

沈黙がしばらく続きました。それから、彼女は突然泣き出して、こう言いました。

「なんてことでしょう！　とても信じられません。厳しさの後ろにあったのは、ものすごい不安です。ものすごく大きな不安。自分はダメな子なんじゃないか、ちゃんとやれないんじゃないかという不安です。ちっちゃな少年が泣いているのが見えます。恐がって泣いているのです」

――その少年にとって重要な出来事があった時期までさかのぼってみましょう。お父さんの不安に関係している時期までさかのぼってみるのです。

「水兵服を着た少年が、父親の葬式に出ています。八歳の男の子です。その子は本当に絶望して混乱しています。どうしていいか分からないのです。あまりにもつらいので、感情をすべて押し殺そうとしています。心の痛みを感じるのがつらくて、心を完全に閉ざしています」

泣きながら、彼女は付け加えました。

「なんてかわいそうなんでしょう！　私もつらい。この子は、自分の心を切り離してしまったんです！」

私は、彼女に、感情に押し流されることなく、その少年がどうしてそうしてしまったのかを感じるように、と言いました。

「この子は、お父さんがいなければ絶対幸せにはなれない、これからはもう誰からも愛されることはないんだ、と思っています」

――分かりました。次に、あなたの魂に聞いてみてください。その小さな男の子のために何をしてあげられますか？

「その子を抱きしめ、愛していると言ってあげます。ずっと、ずっと、いつまでも愛してあげる、と言います。不安にならなくてもいいのよ、って。お父さんはいなくなったわけではなくて、これからもずっとあなたのことを見ているのよ、って言ってあげます。心の目で見れば、お父さんが見えるよ、お父さんの愛も、力も感じられるのよ、って。

どうすればお父さんの光の身体が見えるようになるか教えてあげましょう……。

幸せそうにしています。泣き笑いをしています。すごく嬉しそうに、はしゃいでいます」

――その子が、お父さんと手をつないで光に向かって行くのを見てください。二人が光の中に消えたら教えてください。

「二人がそろっているのはなんて美しい光景でしょう。二人は愛し合っています。私は二人を愛しています。二人は一緒に、とても強いけれど優しくもある光に向かっています。二人はますます輝いてきました。なんて美しいんでしょう！」

最初のセッションで、この女性は、今までずっと抑圧してきた子どもらしい陽気さや自由な想像力を解放する必要があったのです。彼女は、お父さんを喜ばせるために、自分の感情をすべて凍りつかせ、心の奥の冷凍庫に入れてきたのでした。

次の週、彼女は髪をふさふさにさせてきました。そして、こう言いました。

「六〇年間も髪をひっつめにしてきたのだから、もう充分です。新しく生き直したいと思います。自分をとても若々しく感じます。失われた時を、生き直したいんです！」

私たちには過去世があり、未来世がある、という事実を知ると、「青春が永遠に去ってしまった」などと嘆き悲しむ必要がなくなります。また、運命など変えることはできない、とは考えなくなります。

詩人のロンサールは、何世紀も前に、死んだら人生はお終いだと考えている人々の悲しみを実に見事に表現しています。

私はもうかつての私ではなく
永遠にかつての私になれない
私の春と夏は
窓から出て行ってしまった
愛よ、あなたは私のすべて
あらゆる神々の上の存在
ああ、もし、もう一度生まれられたら
愛よ、あなたにもっと奉仕できるのに！

過去世退行セラピーの楽しい点は、次の疑問に答えてくれることです。つまり、私の身体、私の両親、私が今生きている環境などは、偶然の結果なのか、あるいは私が自分で選んだものなのか、という疑問です。

霊的な世界観においては、偶然ということはありません。私たちは生まれる前に、教訓を学んで進化するために最も適した条件を自分のために自分で選ぶのです。

ある女性のクライアントは、これまでに彼女をさんざん殴ってきた父親に対し、かなりひどい怒りをため込んでいました。過度の権威主義と暴力で彼女の幼年期をめちゃくちゃにしたことを、ものすごく恨んでいたのです。そのことを私に話すと、彼女の頬は怒りのあまり赤く染まり、身体はぶるぶると震え出すのでした。そして、彼女はついに決定的なことを言いました。

「まるで私に復讐しているみたいなんです。私が、父にいったい何をしたというのでしょう?」

——おやおや、その疑問は核心を突いているかもしれませんよ。いったい何があったのかを知るために、過去世に退行してみませんか? 今回の人生でどうしてそんなお父さんを選んだのかが分かるかもしれません。

転生輪廻に関しては彼女は疑いを持っていましたが、だめでもともと、ということでセラピーを試してみることにしました。何よりも、怒りの毒で苦しくて仕方がなかったのです。それから逃れられるなら、どんなことでもするつもりでいました。

身体をリラックスさせて、心の中の庭に行きました。彼女はそこでガイド・スピリットたちの愛に触れ、喜びの涙を流しました。それから光の世界に行き、〈光の剣〉を受け取ると、ついに、父親との関係を探るために時間のトンネルに飛び込んだのです。

まず、生まれる前の場面が出てきました。光の世界で、生まれ変わりの準備をしています。

生まれるのを喜んでいると同時に、恐れやためらいも感じています。

「私の一部は、この両親の娘として生まれなければならない、と思っていますが、別の部分は地上に降りないで光の世界にずっといたい、と思っているようです」

私は、もっと時間をさかのぼるように言いました。今のお父さんとの問題が生じた場面に行くようにと指示したのです。

「その場面が出てきました。まあ、なんということでしょう。とても恐ろしい場面です。私たちはハンガリーのきれいな家に住んでいます。私はお父さんの奥さんで、でも、お父さんを嫌っています。年をとっていて、しかも醜いからです。その逆に、私は、若くて美しいのです。私は苦しんでいます。

私はそのうち、隣に住んでいる若い貴族と恋仲になり、彼と二人でとんでもない計画を立てます。夫が国家に対する謀反《むほん》をくわだてていると警察に告発したのです。夫は逮捕され、終身刑を言いわたされました。

警察に連れて行かれる時の夫の目は、ものすごい憎悪の光をたたえていました。一言も発しませんでしたが、私には彼が何を考えているかが分かりました。『必ず復讐してやる！』、彼はこう考えていたのです。

この言葉は、それから何年ものあいだ、私の頭の中で絶え間なく鳴り響いていました。そして、すべての幸せを台無しにしたのです」

私は、彼女に、その若い妻の目をのぞき込んでみるようにと言いました。彼女がどんなふうにその年老いた犬を嫌っているかを感じ取るように、と指示したのです。それから、さらに時をさかのぼって、その嫌悪の原因となる場面に行ってみるようにと言いました。

――その憎しみを、ちょうど川の流れをたどるように、ずっとたどっていってみてごらんなさい。そして、その憎しみを生むことになった場面を見てみましょう。

同時にいくつもの場面が見えたようです。彼女はためらっています。

――〈光の剣〉を取って、剣の先を前に向けてごらんなさい。レーザー光線のような光がほとばしって、あなたを最も重要な場面に連れて行ってくれるはずです。

少しすると、彼女は叫びました。

「〈光の剣〉に照らし出されて、すべてが明確になりました！

さらに別の転生において、父と私は姉と妹だったのです。川のたくさんある国で生活しています。去年バカンスで行ったタイの北部の景色によく似ています。

姉と私はものすごく競い合っています。姉はお父さんのお気に入りで、しかも年上だということで、しょっちゅう私をいじめます。お父さんはいつも姉の肩を持ちます。

姉は、私のことを嫉妬しています。というのも、私の方がずっときれいだからです。私たちは、稲作文化の中で静かに暮らしていたにもかかわらず、心の中はまるで戦争のようでした。冷たく、残酷で、無情な戦争が心の中で繰り広げられていたのです。

ある青年が私に結婚を申し込んだとき、姉は怒りのあまり狂ったようになって――だって、姉は男性からまったく相手にされなかったのですから――私のスープにひそかに毒を入れました。

私は何日も苦しみました。そして、誰が毒を盛ったのかを知っていました。場面がここまできた時、私は彼女に、その妹の枕もとに行き、別のやり方でその瞬間に対処できることを教えてあげるように、と言いました。

「身体はすっかり硬直し、目は大きく見開かれ、瞳孔は開ききっています。まるで、私を待っていたみたいです」

私は、彼女に話しかけます。そして、なにも心配せずに身体から離れ、一緒に喜びに満ちた光の世界に行きましょう、と言いました。彼女は私の腕に抱かれて息を引き取りました。身体から離れたので、私は彼女と一緒に、高く高く昇って行きます。

光り輝く人たちが、私たちを出迎えてくれます。こんなふうに上手にできたことを私はとても嬉しく感じています。ものすごく大きな使命を果たしたような気分で、深いやすらぎを感じています」

そこで、私は、彼女とお父さんのあいだに起こったあらゆる葛藤の場面に〈光の剣〉からの光を当てて、嫉妬、競争、不安、権力争い、確執、憎しみ、復讐、苦しみをすべて燃やし尽くし、あとにはただ純粋な愛、無条件の愛だけが残るようにしてください、と指示しました。

セッションが終わる時に、彼女はこう言いました。

「お父さんの少年時代が見えます。もちろん顔に、しわは一つもありません。微笑んでいます。私を愛している、そしていつまでも愛する、と言っています。私も同じことを言います。私たちはついに自由になり、お互いに限りなく愛し合っています。お互いに理解し合っています。すべてを理解するということは、すべてを許すことなのですね」

この最後の言葉が、スピリチュアル・サイコセラピーの目的を見事に要約しています。霊的な観点から見れば、地上でのあらゆる経験が意味を持っているのです。それらはすべて当人の意識のレベルにちょうどぴったり合ったものであり、そうした経験を通じてその人は、自分自身ならびに他人を理解するための、より拡大された意識を得られるようになっていくということなのです。

## 真実の愛を知るために

こうしたダイナミックな進化の仕組みが分かるようになると、すべてを許すことができるようになります。つまり、制限された狭い見方でものごとを判断せず、無条件に相手を愛することができるようになるのです。そして、無条件の愛というのは、実は、天使たち、大天使たち、ガイド・スピリットたちの特性でもあるのです。

あらゆる被造物に対する無条件の愛、あらゆる被造物が選ぶあらゆる経験に対する無条件の愛、この愛こそが神の特性です。もっとも、ここでは神と言わずに、ジャック・パーセルを通して語りかける、アメリカ合衆国において非常によく知られているガイド・スピリットである例のラザリスに倣《なら》って、〈神＝女神、ありてあるもの〉と言った方がいいかもしれません。〈神＝女神〉という言葉を使うことによって、西洋型の極端に男性を優位とする考え方から脱け出すことが可能になるからです。これはとても大切なことです。なぜならば、男性原理というのは、左脳、知性、論理、科学、技術、外部の規則を表わし、女性原理というのは、右脳、直観、叡智、内なる規則を表わすからです。ここで、〈内なる規則〉というのは、ハートを通じて語りかけてくる魂の声のことです。

私たちの社会に見られる男性優位の考え方は、征服者、支配者、戦士である男性が、おとなしく、平和で、聖なる存在に近い女性を常に隷属させる、という形をとってきました。しかし、この考え方こそが、母なる地球を破壊してきた元凶なのです。

地球が破壊されることに危機感を覚えた私たちは、今、ようやく左脳の特性である生真面目な圧政を脱して、霊的な覚醒に至ろうとしています。

霊的な目覚めによって、私たちは、自由と笑いを取り戻そうとしていますが、実はこの自由と笑いこそが、宇宙の叡智、霊的世界、女神――すなわち右脳に見られる素晴らしい特性――なのです。

そもそも、フランス語の〈霊的な〉という意味の単語 spirituel は同時に、〈機知に富んだ、愉快な〉という意味も持っているのです。

すでに見たように、私たちは過去世において自分の父親の妻や妹であった可能性もある、ということが分かれば、家族に対して新しい見方ができるようになります。私たちが家族のメンバーを選ぶのは、権力争いや自己卑下、また復讐などから解放されて、無条件の愛に生きられるようになるためではないのでしょうか。

無条件の愛は、こう言います。「私は、あなたが何をしようと、あなたがどんな人間であろうと、ありのままのあなたを愛します。あなたがあなたであるがゆえに、私はあなたを愛するのです。私の魂があなたの魂を愛するのです。私は決して自分のやり方をあなたに押し付けるつもりはありません。また、あなたのやり方を押し付けられるつもりもありません。私はあなたを知りたい。私たちの違いを楽しみたい。あなたの見方で世界を見てみたい。私の目には世界がどう見えるかあなたに教えてあげたい」

お互いに、相手を型にはめないようにしましょう。相手を限定しないようにしましょう。愛のあらゆるいろどり、あらゆるニュアンスを一緒に経験しましょう。代わるがわる、父、母、子どもになりましょう。近づきすぎて窒息するのでもなく、離れすぎて淋しくなるのでもなく、常に適度な距離を保ち、一緒に楽しく遊びながら学ぶのです。

自分は肉体そのものであると錯覚すると、私たちは必ず苦しむことになります。今世、男の身体に宿っているから自分は男性である、したがって女性的な属性はことごとく拒絶する、などと考えていたら、苦しまないはずがありません。

そして、残念なことに人間というのは、自分が苦しいと、苦しいのは自分だけではないと思おうとして、必ずまわりの人たちを苦しめるようになるのです。これは、あなたのまわりを見てみればよく分かるはずです。

不幸な人たちが頑《かたく》なであるのとは反対に、幸福な人たちはおしなべて寛容です。不幸な人たちは、独断的になり、冷酷になり、暴力的になります。そして、他人をコントロールしようとします。これは、彼らが、他人の苦しみによって自分の苦しみの深淵を埋めようとするからですが、そんなことが不可能なのは、経験から考えてみれば明々白々なのです。ところが、彼らにはそれが分かりません。

拷問者の苦しみは犠牲者の苦しみと同じくらい大きいのです。拷問者は、盲目的に他者に対して力を振うのですが、遅かれ早かれ、その力は彼らのもとに戻ってきて自分を苦しめることになる、ということが分かっていません。

私たちは、地上を去った時に、必ず自分の一生を映画でも見るように見せられます。そして先述したように、この時、自分の気持ちだけでなく、まわりの人たちの気持ちもすべて自分のことのように感じるのです。

魂のレベルでは、私たちは〈ひとつ〉です。従って、そのレベルで見た場合、犠牲者だけが苦しみ、拷問者は高みの見物、というわけにはいかないのです。〈ひとつの生命〉が、犠牲者と拷問者の心の中で別々に打ち震えているだけなのです。

したがって、ある転生で拷問者だった人間が、次の転生で、自分の罪を償うためではなく自分の意識を拡大するために、あれほど恐れた生活、死に物狂いで避けようとした犠牲者の生活を自主的に選ぶ、ということはまことに合理的なことであるのです。そうすることによって、自分が苦しめた犠牲者の内的経験が、拒絶すべき異物ではなく、統合すべき人間的な経験であることを理解するのです。

## あらゆる人生には意味がある

こうした見方をすることによって、結婚生活あるいは家族生活が、ユダヤ・キリスト教的な曖昧模糊《あいまいもこ》とした光によってではなく、強烈で明晰な光によって照らし出されるのです。

私は、プロテスタントの牧師の三男坊でした。思春期になった時、私は、父親、そして他の牧師たちに一つの質問をしました。「神は、自分の子どもをひたすら愛する優しいお父さんであるとされているのに、どうして地上には先天性奇形の赤ちゃんや、飢えのために死んでゆく子どもや、両親から虐待を受ける子どもがたくさんいるのですか」、と。

彼らの答えは混乱しており、とらえどころがなく、風に吹かれる砂山のように頼りないものでした。彼らには、そうした人生の秘密が何一つ分かっていないのだな、と私は感じたものです。その後何十年かして、私は彼らの態度を思い出しながら次の詩を書きました。

制度化された不条理

私たちは、子どもの時以来、
人生とは、
生まれた時に始まり、死んだ時に終わる、と
両親から、聖職者たちから、
牧師たちから、ラビたちから、
先生たちから、偉い人たちから、
医者たちから、大学の哲学教授たちから
教えられてきた。
そう考えると、
人生は、大いなる謎に満ちた不条理の連続。
論理はあちこち穴だらけ。

底のない深淵が口を開いている。
折り紙付きの神学者の
洗練された神学を駆使しても、
ある子どもが幼くして死に、
ある子どもが両親から虐待され、
ある子どもが先天的な病気を持っているということを
きちんと説明することができない。
こうした死、
こうした不正義、
こうした病気は、
いったい何ゆえなのか？
そうした質問に対して、
現代のパリサイ人たちは、
冗漫で無気力な議論を延々とくり返す。
その内容は回りくどくて、うんざりさせるだけ。

まるで、嘘で固めた告解のよう。
彼らは、
神と生命を
あまりにも狭い箱に閉じ込めてしまったのだ。
彼らの考え方は閉鎖的で、
彼らの脳はすっかり麻痺している。
この地上での生存の意味を理解するためには、
考え方は一つしかない。
私たちの信仰と考え方の幅を広げ、
もっとずっと遠くまで見るということ。
生まれる前まで、
そして死んだ後まで、
視野に入れる必要があるのだ。
生命は、
たった一つの肉体に、

たった一つの役割に、
たった一つの人生に、
閉じ込めるには、あまりにも大きすぎる。
鉛管工の人生だけでは、
教皇の人生だけでは、
娼婦の人生だけでは、
とても足りない。
人間が、何度も何度も繰り返し、
生まれ変わっているということが分かると、
突然、すべての不条理が溶けて消える。
神は、もはや頭の悪い頑固な老人ではなくなり、
神の無限の愛とは何かが、
突如として稲妻のように明らかになる。
この地球という星の上で繰り返す人生が、
素晴らしい学びの場であると、

無限に進級していける学校であると、
はっきり分かるからである。
私たちは、そこで、
神と協力して、
生まれ変わるごとに、
新しい学年に進級して、
より拡大された意識と、
より美しい生き方を目指す。
生まれ変わるごとに、
豊かで強烈な経験を数多く得て、
私たちは意識の成熟を図る。
そこには、
不正も、偶然もない。
すべては、地上に生まれる前に
光の世界で選んできたこと。

私たちは、
悪臭のする過去から解放され、
凍りついた恐れから解放され、
制度化された不条理から解放されて、
より良く行動し、
より自由になり、
より楽しく生きるために、
地上にやってきた。

私に関して言えば、過去世に退行することによって、初めて転生輪廻があるということを確信しました。そして、そのようにして人生観が大きく広がったことにより、今までどうしても分からないと思っていた人生の謎が次々と解けていったのです。

私は、幼年期に退行するという経験を通して、肉体に宿って生きることの喜びを再び発見しました。母の乳房に吸いつくことは、私になんとも言えないほどの性的な快感を与えたのです。

しかし、一方で、母は、感性によってではなく思考によって生きる女性だったので、アジア人やアフリカ人の母親たちがするように、私の顔を乳房に押し付けるようにして抱いてくれませんでした。それが原因で、私は欲求不満を起こしていました。

赤ん坊が、ただ単に精神的、感情的な接触だけではなく、肉体的な接触も必要としているということを母にどうしても伝えられないことで、赤ん坊の私はとてつもない無力感を味わっているのでした。問題は、私の母が感覚的な喜びを性的なものと見なしており、性的なものは霊的なものの対極にある、と考えていたことだったのです。

ヴァランティーヌ——というのが、母の名前ですが——は、あらゆる感覚的な喜びを抑圧して生きていました。感覚的な喜びが性的な喜びにつながると考えていたからです。そして、彼女にとって性的な喜びとは、ひたすら断罪すべきものであったのです。

キリスト教的な信条によってがちがちになっていた母は、貪欲な赤ん坊が乳房をむさぼり吸うことによって感覚的な目覚めを迎えることを恐れていたのです。私、つまりその赤ん坊を、性的に刺激しないように、彼女はなるべく私の顔を彼女の乳房から遠ざけるようにしたのですが、そうすると私は、美味しい乳首を必死に求めて火がついたように泣くのでした。

母は、そうした性的なものに対する自分の恐れが、過去世からの影響も受けているということに気づいていませんでした。ある過去世で、私は母の恋人だったことがあるのですが、この恋人は情熱的で非常に嫉妬深かったので、母の気持ちになどおかまいなしに母を性的に支配し、母の才能が開花するのを妨げていたのです。

自分がしたことを人からされることになる、という原因と結果の法則――あるいはブーメランの法則――により、今度は、私が母から自分の欲求を無視され、深い肉体の接触が欲しいのにそれを与えられない、という経験をすることになったのでした。

そういうわけで、母のやわらかい乳房に顔を押し付けて思う存分乳首を吸う喜びと、乳房から顔を遠ざけられたために思うように乳首をむさぼれないという欲求不満のあいだを、私は行ったり来たりしていたのです。そのために、私の感覚の発達は疎外され、私は、知性だけが異様に発達した、いつも居心地の悪い思いをしている淋しげな顔の少年に育っていったのでした。感覚的な喜びを素直に受け入れることのできない発育不全の子どもになっていったのです。

西洋文明の中で育った多くの子どもたちと同様に、私もまた肉体の声を無視して生きるようになりました。そして、勉強だけはよくする神経質な生徒になっていったのです。子どもが必要としている愛撫を充分に与えられなかったので、しょっちゅう病気にかかっていました。

私は両親と同じように、知性を偏重し、肉体や感情を抑圧して生きるタイプの人間になっていたのです。

私たちは、両親のもとに生まれ、両親の感覚、感情、考え方にどっぷりつかって育ちます。そして、まるでスポンジが水を吸うように、彼らの思考と感情のパターン、そして彼らの限界をそのまま受け継ぐのです。彼らの信念の鋳型に自分をはめてそれを写し取り、彼らの葛藤や不安をそのまま自分の中に取り込みます。彼らの精神的な中毒ならびに肉体的な中毒によって汚染されるのです。

彼らと同じように脳下垂体や視床下部に命令して〈死のホルモン〉を分泌させ、その作用によって自分の肉体を破壊してゆくわけです。私たちは、人に支配されて苦しむべく、また人を支配して苦しめるべく、家庭環境によってプログラムされてしまうのです。

そうした限界は、両親が地上に生まれる前に、光の世界においてガイド・スピリットたちとよく相談しつつ熟慮した結果選ばれたものです。意識を最も効率よく進化させるにはどんな環境を選べばよいのか、どんなパートナーを選べばよいのか、という基準にもとづいて選ばれたものです。

## 西洋医学では治せない病気がある

過去世が明らかになると、どうして現在の職業を選んだのかという理由も分かります。

私は、一五歳の時に医学の道に進もうと決めました。私は、人間の身体について詳しく知りたく、またどうすれば苦しみから脱け出せるのかを知りたかったのです。

しかし、私は医学の〈ある面〉が大嫌いでした。大病院の病室や手術室といった、冷たい技術や機器に支配された世界が私を戦慄させたのです。

一八歳の時に、扁桃腺の手術を受けました（当時は、肥大した扁桃腺は惜しげもなく全部摘出したものです。それが流行っていたのです）。私は、麻酔が途中で切れて、多くの看護士たちに押さえつけられながら無理やり手術されることになるのではないかと不安でたまりませんでした。

後になって、過去世退行をした際に、私はなぜ外科手術をそれほど恐れたのかが分かりました。直前の人生で、私はナチの医者たちに実験という名目で強制的に脳外科手術をほどこされていたのです。この青年は、一九四二年、つまり私が生まれる二年前に亡くなっています。

私が医学の道を選んだのは、今度は患者の側にではなく医者の側に立ちたい、という思いがあったからなのでしょう。それは、私が〈負け組〉にいた時に受けたひどい仕打ちの、無意識的な記憶のせいだった、ということになります。

一方、医学の勉強を続けるうちに、私は非常に厳しい試練に直面することになりました。現代西洋医学が患者を扱うやり方に、とてつもない非人間性を感じるようになったのです。しかし、医学の勉強を終えるためにはそんなことは言っていられません。技術と知性に完全に支配されてハートを失った非情な現代医学を前にしても、私はそれを批判することができず、口をつぐむしかなかったのです。

それでも私は熱心に勉強だけは続けました。そして、自分の身体の言い分を聞くことよりも教授たちに気に入られることの方を選んだので、成績は抜群でしたが、一方でストレスもまた大変なものでした。常に次の試験に備えて猛勉強をしていました。

大学を卒業したあとも、一〇年の長きにわたって、私は、明日試験があるのにまだ準備ができていない、という悪夢を見ては真夜中に飛び起きるということをくり返しました。これは、私がセラピーを受けて心を浄化し、過去の経験から解放されるまで続きました。

大学の医学部では、人体について詳しく学ぶことができ、かつ病気の研究ができる、ということが嬉しくてなりませんでした。しかし、いざ病院に勤め出すと、そこでの医療活動が大きな限界を持っていることに気づくようになったのです。病院では、病気そのものの研究ばかりしており、患者に対して〈いかにすれば健康になれるか〉ということを全く教えていなかったのです。

私が病院にいた七年間のあいだに、健康になるための方法に関して話を聞いたのは、たったの一時間だけでした。食事や衛生といった非常に大切なことが、病院においては意味のないこととして完全に無視されていたのです。

超近代的な設備を備えた病院に、〈良識〉が欠落していたのです。なんということでしょう！

現代の病院には、自らの生活習慣に毒されて病気になった人が数多く入院してきます。医者は彼らを診察し、症状を正確に診断し、手術で患部を摘出するか、あるいは化学薬品を投与します。しかし、それでは根本原因は取り除かれず、病気はますます内向するばかりなのです。

現代の病院で使われるのは、メスと、薬剤と、放射線ばかりです。しかし、本当は、患者に対して、なぜ彼らが病気になったのか、どういう生活様式が病気の原因だったのかをしっかりと説明し、適切な食事の仕方、精神面ならびに感情面での自己管理の仕方、そしてやすらぎに満たされて生きる方法などを教える必要があるのです。

しかしながら実際には、薬漬けと外科手術が横行しており、〈優しい医療〉は、それが科学的な裏づけを持っていないという理由で馬鹿にされ、排除されているのです。

現に私の教授たちは口を極めて〈自然医療〉を罵倒していました。そして私たち医学生は、試験に合格し、ポストを得るためには、彼らの言うことをそのまま受け入れるしかないのです。

教授たちと同じように考えることしか許されていないのです。

学生たちにとっても、患者たちにとっても、「つべこべ言わないで、大先生の言うことを素直に聞く」というのが鉄則なのです。

しかし、一方で、厳密な科学的調査に基づいた非常に興味深い結果が出されています。それは、医者の言うことをそのまま鵜呑みにする患者たちよりも、反抗的で言うことを聞かない患者たちの方がはるかに治癒率が高いという事実です。

現代医学は症状を抑えることに巧みで、患者たちを素早くもとの状態に戻すことはできますが、伝統的な民間医療のように患者の生活習慣を改めさせるということはしないのです。しかし、生き方にこそ、病気の真の原因があることを忘れてはなりません。

ギリシャにおける医学の神アスクレピオスには、二人の娘がいました。すなわち、〈治療〉と〈衛生〉です。しかし、現代においては、〈治療〉に関わる産業が〈衛生〉を追放してしまいました。

中国には素敵なことわざがあります。「もし、おなかの空いた人に魚を一匹あげれば、その人はそれを食べて、一日の飢えをしのげるだろう。だがもしその人に釣竿を与えて魚の釣り方を教えてあげれば、一生のあいだ魚を食べて暮らせるだろう」というものです。

現代医学による〈治療〉というのは、一匹の魚に相当します。一日目は、それでいいでしょう。しかし、二日目以降はどうなるのでしょうか？　二日目以降も無事に暮らすには、釣竿を与え、魚の釣り方を教えてあげなくてはならないのです。

つまり、現代医学の目的は、人々が自立して健康に暮らせるようにすることではなく、単に表面に現われたわずらわしい症状を消して、その人が再び〈正常に〉生きられるようにすることにすぎないのです。病気について患者が学ぶことはありません。患者は、おとなしく薬を消費し続けさえすればよいのです。

そのことに疑問を感じた私は、現代西洋医学を学んだ後、〈優しい医学〉（つまり、〈代替医療〉）について学び、さらにスピリチュアル・サイコセラピーを習得しました。この三者を合わせることで、私は人間を生物学的、感情的、精神的に、さらには霊的に、つまりトータルな存在として扱えるようになったのです。

自己を深く探求していく過程で、私が非常に大きな影響を受けた出来事があります。それはストゥドルツ博士との遭遇でした。

その事件は、私が、アメリカ人やヨーロッパ人たちとブラジルにある霊的な治療を行なう病院を視察しに行った際に起こりました。みんなで輪になってグループ瞑想をしていた時、私は突然ものすごい不安感に襲われたのです。ほとんど耐えがたいほどでした。

私は、ある霊的存在が近くに来ており、私と話をしたがっているということを感じました。その霊人は過去世において、私に大変ひどい仕打ちをしたことがあるように感じられました。

確かにその通りでした。私は、その霊人が私の直前の転生において、私に実験のための脳外科手術をほどこしたナチスの医者であることを知ったのです。

私は、その手術の時に感じたあらゆる不安、恐怖、苦悩、痛みを思い出し、心の底から戦《おのの》きました。私は嫌悪感で一杯になり、その霊人を拒否しました。

全身から玉のような汗が噴き出し、私はもう少しで気を失いそうになりましたが、その時になって、心の中に、この存在を拒否すべきではないという思いが湧きあがってきたのです。むしろ、この状況を受け入れることによって、過去世で受けた深刻なトラウマから自由になれるのだということが分かりました。

私は心の中で、「あなたの意志が成就されますように」と言いました。

すると、その存在は、私の声帯を使って語り始めました。それは、ドイツなまりの強い奇妙なフランス語でした。

「私はストゥドルツ博士です。直前の過去世において、私は、いま私が声帯を使って話をしているこの者を知っていました。私がナチスの医者として神経外科の手術の実験を行なった際に、この者を実験台として使ったことがあるのです。

ある時、私は、そうした実験に耐えられなくなりました。私の心の中で、人間的な感受性が目を覚まし、自分が行なっていることの非人間性に気がついたのです。

しかし、そのことは、ただちに同僚たちの気づくところとなりました。私は告発され、牢獄に入れられ、そして鉄格子の中で死にました。

私は肉体から離れると、ガイド・スピリットたちに助けられながら私の一生を振り返り、この人生で何を学んだのか、また何を学びそこなったのかを知りました。

それ以来、地上には転生していませんが、霊界の医者たちと協力して、霊能力を持っている地上の医者を通して、手術を受ける患者たちに彼らが必要としている治癒の力を与え続けてきました。直前の転生でナチスの医者をしていた者たちが何人か集まって協力しつつ、この仕事を遂行しているのです。

地上にいた時、私は死ぬ直前まで、人間は単なる物質的肉体ではないという真実に気づくことができませんでした。

現在、私は霊的存在として、情熱を持って地上の物質界に働きかけています。そして、私の光を地上に伝える仲介者として働いてくださっている霊能力者、ヒーラー、霊能力を持った外科医の皆さんに心から感謝しているのです」

この出来事によって、私は、人生が本当に素晴らしい学校なのだ、ということをしみじみと悟りました。

私たちは、肉体を去ったあと、不条理な虚無の中に落ちていくわけではありません。〈髭を生やしたお父さん（＝神様）〉の優しいまなざしのもとで、ピンク色の小さな雲に腰掛けてハープを弾くわけでもありません。地獄に行って紅蓮の炎に永遠に焼かれるわけでもありません。教会が教えているような最後の裁き、あるいは復活を待ち続けるわけでもありません。私たちは、死後も心について学び続け、愛とは何かをさらに探求し続けるのです。

ある転生でのネガティブな経験が、それ以降の転生での様々なふるまいの原因となるのです。何か悪を犯すと、それ以降の転生で振り子の原理が働いて、できるだけその悪を償うような行動をすることになります。

転生を繰り返すうちに、その振り子の振り幅が徐々に小さくなっていき、やがていかなる出来事によっても動揺しない、絶対的な静寂に満たされた叡智を備えるに至ります。というのも、その段階に至ると、あらゆる瞬間の意識の振り子の位置を自覚することが可能となり、また光の世界に属しているハイアー・セルフと常につながっているため、そのハイアー・セルフとのコンタクトを失うことによってもたらされる、裁き、怒り、憎しみ、不安、恐怖、フラストレーションなどから完全に解放されるからです。

ハイアー・セルフについて、ある時、次のような短い詩を書いたことがあります。

ハイアー・セルフとつながっていれば、
ハイアー・セルフに耳を貸せば、
ハイアー・セルフは私たちを
健康と、喜びと、自由に導いてくれる。
ああ、苦しみは、無知から生まれる。
私は、もう、無明から解放されよう。
私は目覚めた。
私は、人生のあらゆる面から、
無明を、無知を追放しよう。
私の時空間を

愛で、叡智で、
喜びで、優しさで
満たそう。
さらば、我が無明よ。
さらば、我が無知よ。
そして、こんにちは、
光に照らされた明るい意識よ！

## 彼と彼女の新しい関係

一九九一年に、私は現在の妻、マダガスカル島出身のジョアンヌ・ラザナマヘイに出会いました。初めて目を見交わした瞬間に、私たちが過去世で何度も一緒に生きていたことを感じ取りました。

私は一七歳の時に、あるタヒチ人の女性の写真を雑誌から切り抜いて、それ以来ずっと大切に手元に持っていました。その写真を見るたびにどうしようもなく懐かしくなって涙ぐむのでしたが、ジョアンヌはその写真の女性と双子のようにそっくりだったのです。

そして、強い愛のエネルギーが私たちのあいだに流れるようになったのですが、それにもかかわらず、過去世での二人の葛藤が意識の表面に浮かんでくるたびに私たちは激しいいさかいを繰り返しました。

私たちは過去世において、ただ単に幸せな関係を持っただけではなくて、お互いのプライドからしばしば衝突し、激しいいさかいを、時には死に至るほどのいさかいを経験していたのです。

私たちは少しずつ学びを深め、過去世の苦しい記憶が湧きあがってきても、悲劇を招くような激しい権力争いをせずに、まずお互いにその場を離れ、一人きりになって、泣いたり、叫んだり、暴れたりして、ネガティブな感情を発散させることができるようになりました。

そんなふうにして落ち着くと、再びお互いに向き合って対話をし、愛と癒しを必要としているお互いの潜在意識に潜む〈人格〉を理解しようと努めたのです。

このように激しい〈浄化〉を繰り返しながら、暴力と苦痛に満ちた私たちの過去から徐々に解放されていったのですが、その過程で、私はジョアンヌが持っているとてつもない能力を高く評価するようになっていきました。それは、彼女のたぐいまれな霊能力だったのです。その能力があったことにより、私たちは、潜在意識に深く埋め込まれた、〈傷つけられたエゴ〉という幻想に基づくいさかいの種を次々に摘出することができたのです。

そのようにして、潜在意識の深いところに隠れていた過去の傷を癒すワークをすることで、私たちは〈闘争〉から解放され、〈血まみれの決闘〉を〈デュオの優雅なダンス〉に変えたのです。これは、後々の私たちのワークショップの重要なテーマとなりました。

さらにジョアンヌは、ガイド・スピリットたちから〈エゴのダンス〉と呼ばれる素晴らしい霊的な癒しのテクニックを授けられました。これもまた、私たちのワークショップで頻繁に使われています。

このテクニックを使うことによって、セミナーの参加者は、潜在意識の深い所に潜む固定観念（自動的な思考パターン）に気づき、記憶の底にひしめく様々な人格を明るみに出すことが可能となります。その結果、潜在意識に凍結保存されてきた様々な〈自己の断片〉を次々に意識化し、愛することができるようになります。こうして、不安と闇を克服し、光の世界に入ることができるのです。

この〈エゴのダンス〉というセラピーは、ジョアンヌの『立ちなさい、小さな神々よ！』という本の中で詳しく説明されていますが、この本の副題「内なる至高の力に出会う」からも分かる通り、まことにパワフルなセラピーです。

そうです。私たちは、内なる至高の力を見失ってしまった神聖な存在なのです。しかし、転生を繰り返しつつ自らに課した自己限定から解放されてゆくことで、少しずつその至高の力を取り戻してゆきます。

〈エゴのダンス〉というこのグループ・セラピーは、個別のセッションを補うものとなっています。私たちは、このグループ・セラピーに参加するためにやってきた受講生たちを〈ダンサー〉と呼ぶのですが、このダンサーは、霊的な意識によって照らされることなく潜在意識の深みに封印された過去のつらい状況を表舞台に連れ出すことによって、彼（または彼女）が生き延びるために採用した間違った心の戦略——それは実に巧妙です——を意識化することが可能となります。

ダンサーは、潜在意識の深みに抑圧してきた〈下位人格〉を白日のもとにさらすことによって、独裁者と犠牲者のドラマが、自らの神聖な意識を失った結果引き起こされたものだということを理解します。そして、自分のうちに潜んでいるあらゆる暗い側面に光を当てることによって、それ以降、自分を裁いたり、断罪したりしなくなるのです。

このセラピーを受けることによって、様々な病気があっという間に治ることがあります。それは、潜在意識の奥にある深い洞窟に意識の光を当てることにより、肉体を病気にさせていた原因が光に照らし出されて消滅し、その結果として、自動的に、迅速な、驚くべき治癒がもたらされるからなのです。

ある時、私とジョアンヌはガイド・スピリットたちから、人間の表面意識と深層意識に住んでいる様々な人格についての情報を受け取りました。私たちはその人格を〈心に潜む下位人格〉と名づけました。『マスターたち』という本は、こうした様々な人格の要求を聞いて理解することがどれほど私たちの人生に役立つか、ということを詳細にわたって論じています。

実際、私たちの幸・不幸を決めるのも、成功・失敗を決めるのも、すべて私たちの〈心に潜む下位人格〉なのです。彼らは、私たちの心の中で、ビタミンを毒に変えることもできれば、毒をビタミンに変えることもできるのです。もし自然医療をほどこす医者が私たちの免疫システムを改善できたとしても、私たちの病気を作り出した下位人格が意識化されない限り、真の治癒は決して起こりません。どんな病気であっても、それは、無意識に住んでいる私たちの下位人格からの、助けてほしいという悲痛な訴えかけにほかならないのです。無意識の深みで無視されて苦しんでいる彼らが、もう少し自分のことを考えてほしい、もう少し自分のことを尊重してほしい、と訴えていることが病気となって現われているだけなのです。

このワークショップにおいて、私とジョアンヌは、〈自己の内面への旅〉というワークを用意していいます。これを行なうことによって参加者は、両親から引き継いで潜在意識に蓄えられた、間違ったプログラムを駆除することができます。

まず、心身をリラックスさせて、パワー・アニマル、ガーディアン・スピリット、ガイド・スピリットたちとつながります。それから、チャクラと呼ばれる七つのエネルギー・センターに働きかけ、男性的なエネルギーと女性的なエネルギーを調整してゆくのです。私たちは、こんなふうに誘導します。

「心の中で、尾骨のところにある第一チャクラに入ってください。そして、寝室をイメージしましょう。

その寝室にはどんな家具がありますか？　よく見てください。また、雰囲気はどうですか？　充分に感じ取ってください。

さて、そこに女性がいることに気がついたでしょうか？　その女性はどんな服を着ていますか？　何歳くらいでしょうか？

彼女の目をのぞき込んで、彼女が何を感じ、何を考えているのかを感じ取ってみましょう。

次に、男性がいるのを感じてください。女性にしたのと同じことを、この男性に対してしてみましょう。

次に、この女性と男性はどんな関係なのかを感じ取ってみてください。

二人は仲間ですか？　それとも敵どうしですか？　愛しあっているでしょうか？　それとも憎しみ合っていますか？

二人の共通点、互いの了解事項、あるいはどんな点で関係が難しいのかを細かく感じてください。

さて今度は、この部屋に子どもを招き入れてください。この子は、宇宙の子、神聖な子です。笑い、歌い、ダンスを踊ります。この子は愛にあふれ、手に〈光の剣〉、または魔法の杖を持っています。

この子が女性に触れると、女性は一瞬で苦しみや不安から解放されます。この子は、男性にも同じようにして触れます。

もし二人の関係がうまくいっていないのなら、この関係に癒しをもたらします。

さて、二人は癒されて、女性は自立し、幸せになりました。男性も同じく自立し、幸福になりました。無条件の愛が二人のあいだに流れ、さらに二人から子どもに流れます。

三人は部屋から出て、大自然の中に行き、そこで仲良く遊びます。それぞれが自分自身とも、他の二人ともうまく行っています。この三人の家族の幸せな波動をあなたの身体じゅうの細胞に送ってあげ、健康のエネルギーを与えてください。さらに、あなたの〈感情体〉のあらゆる部分を、喜びと幸福のエネルギーで振動させてください。あなたの精神から狭量な考え方を追い出し、天上界とあなたの魂から受け取った光り輝くイメージ、光り輝く考えで精神を満たしてください」

それから、同じことを第二チャクラ、第三チャクラ……と続けてゆき、第七チャクラに至ります。

この技法は、個人セッションでも使いますが、非常に強力なものです。両親の葛藤を見ていて取り入れた心の内部の葛藤や、持ち越されたエディプス・コンプレックスを癒すのに非常に役立ちます。

「パパに愛されるためには、ママを追い出さなければ。ママは私のライバルなのだから」と小さな娘は考えます。「僕はママと結婚するんだ。それにはパパが邪魔だ。パパをやっつけなくちゃ」と小さい男の子は考えます。

こうした考え方は、実は過去世の記憶から来る場合がしばしばです。事実、この小さな女の子は、過去世において今のお父さんの奥さんだったことがあるのです。また、この小さな男の子は、過去世において今のお母さんの恋人だったことがあるのです。

こうした関係を知っておくと、家族内に生じる多くの葛藤を解決することができます。もしそれを知っていなければ、人生は永続的な戦いとなってしまうでしょう。

あなたの家庭が、傷ついたエゴどうしのぶつかり合いから、また娘対母親の、息子対父親の競争関係から、地獄のようになったことはありませんか？　あるいは、力で相手を支配しようとし、自分のものの見方を押し付け合うことによって、まさしく地獄そのものになったことはありませんか？

言葉や態度が爆弾になって戦いが始まり、休戦するのは食事をしているわずかなあいだだけです。ドアがばたんと閉められ、ひどい時には、これ以上家族のあいだで苦しむのは嫌だといって自殺に走る子どもさえ出てくる始末です。

多くの家庭が、傲慢、罪悪感、自己憐憫の渦巻く闘技場となり、迫害者が殉教者を責めさいなむ異端裁判所と化し、傷ついた心が激しく衝突し合う戦場に変化するのです。

スピリチュアル・サイコセラピーはまた、男女間の葛藤を変容させることもできます。二人の関係が険悪にならないために、そして、それぞれが自分の正しさを主張し合って戦闘状態に入らないために、また、二人が一緒にリングに上がってともに倒れるまで殴り合わないために、パートナーのそれぞれが、今回の人生では二人の関係を大幅に改善しようとして地上に降りてきているごとを自覚する必要があるのです。

過去世で作った心のわだかまりを解いておくことは、パートナーどうしのいさかいから解放されるためにとても有効です。

男女の関係にはいくつかの段階があることを知っておくことも必要でしょう。まず、〈恋〉の段階。この段階では、すべてがうまく行きます。次に、〈葛藤〉の段階がいくつかあります。この段階では、互いの相違点、嫌な点ばかりが見えて、相手から離れたいと思います。

二人の関係が親密になるにつれ、過去世でのいさかいによって作り出したトラウマを、もっときれいに掃除せざるを得ない方向へと二人の関係が進んでゆきます。この段階がどれくらいの期間になるかは、カップルごとに違い、短かければ数日間、長ければ数年間にも及びます。

ある時、四〇代の女性が私のところに相談にやって来ました。彼女は一〇年のあいだ、とても平和で幸福な、落ち着いた結婚生活を送っていました。ところが、ある日突然、理由も分からずに夫のことが嫌いになったのです。夫が変わったわけではありませんでした。浮気をしたわけでもないし、相変わらず思いやりがあり、彼女のことを気づかってくれているのです。ところが、夫を見ていると、どうしようもなくむかむかしてくるのでした。一体どうなってしまったのでしょうか？

私は彼女に言いました。

——一〇年のあいだ、結婚生活がうまくいっていたのですね。あなたは何一つ問題を感じることなく暮らしてきました。しかし、あなたが地上に転生してきたのは、問題に気づくことなくのんびりと昼寝をするためではないのですよ。

そこで、過去世退行セラピーを行なうことになり、いつものように充分リラックスしてから、彼女は時間のトンネルを通り、時空を超えて潜在意識の中に入って行きました。もちろん、先導してくれるのはガイド・スピリットたちであり、彼女は彼らに全面的な信頼を寄せています（もっとも、先導してくれるのが、パワー・アニマルであろうとも、また、ガーディアン・スピリットやガイド・スピリットであろうとも、叡智にあふれた賢者であろうとも、さらには、イエスや仏陀といった偉大な宗教家であろうとも、結局は同じことです。というのも、そうした存在たちは、すべて私たちのハイアー・セルフのために協力体制を敷いているからです）。

さて、突然、彼女が身震いし始めました。顔には苦悶の表情を浮かべています。彼女は叫びました。

「いや！　いやよ、こんなのは！」

私は、彼女に何度か深呼吸をさせて、その強い感情を手放すように言いました。そして、それほど彼女を苦しめている場面について、私に説明してくれるように頼みました。

「私は暴行されています。性的な陵辱を受けているのです。相手は数人です。彼らはお酒を飲んでいるようです。お酒の匂いがぷんぷんしています。私は彼らを激しく憎んでいます！」

私は、彼女に再び落ち着くように言い、それがいつ、どこで、どのような状況で起こったことなのか教えてくれるように言いました。

「場所は、イタリアのフィレンツェです。時代ははっきりしません。でも、自動車はありません。あるのは馬車だけです。

私は、とても美しく若い女性で、優雅な服装に身を包み、小さなお城に住んでいます。私に暴行した男たちは、みんな盗賊です。私がお城に帰ってきたところを彼らは伺っていて、突然私に襲いかかったのです」

ここで一瞬の沈黙があり、それから彼女は嗚咽《おえつ》し始めた。

「そうです。彼らの中に、今の私の夫がいたのです。それに、私の父もいました」

彼女はさらに付け加えた。

「小さい頃、父に対して恐怖心を持っていたのですが、それがなぜなのかが、今ようやく分かりました……」

私は彼女に、その男たちの目をのぞき込んで、彼らが何を感じ、何を考えているかを感じ取るようにと言いました。そして、彼女は、彼らが恐れや不安、怒りに支配されていることを知りました。

そして、私の要請に従って彼女は、彼らが必要としていた心からの愛を彼らに送りました。それから、フィルムを巻き戻して、もう一度その場面を再現し直しました。

その若い女性は、今度は、不安を内に秘めた傲慢な態度で彼らに接するのではなく、彼らに優しく話しかけ、お城に入るようにと誘《いざな》いました。そして、一瞬で終わるむなしい快楽の代わりに、音楽とダンスと陽気さにあふれた楽しい宴会と数日間のやすらぎを彼らに提供したのです。

ただし、このセッションだけでは、彼女と夫とのあいだの問題を解決することはできませんでした。それを全面的に解決するためには、それ以外にも、愛のないセックスに苦しんだ過去世、エゴイズムと残酷さに明け暮れた権力争奪戦の過去世など、いくつかの過去世を癒す必要があったのです。

こうして〈玉ねぎの皮をむく〉作業をした後に、彼女は夫に手紙を書き、セラピーの内容を打ち明けました。そして、彼に対する愛を新たに誓ったのです。

夫は深い感銘を受け、二人は新しい関係を築き直そうと決意しました。

そのために、二人は、まるで知らない者どうしのように偶然を装って喫茶店で出会い、何時間も話をしました。それは、ユーモアに満ちた素晴らしいひとときとなりました。二人は互いに強く惹かれ合い、ついに、二人で暮らそうと決めたのです！

## 自己嫌悪と罪悪感から自由になろう

セックスの面で問題を抱えている人は、次のルカのケースが示すように、潜在意識に潜んでいる深い根っこを掘り出すことによって、適切にふるまえるようになる場合があります。

ルカは子どもの頃、親指を吸う子どもでした。厳格な宗教教育を受けた母親は、それを後々のマスターベーションの予兆であると見なしました。そこで、その悪癖をやめさせるために、彼女は息子をひどく罰したのです。

親指を吸えないようにと、手袋をはめさせたり、また、石鹸を親指に塗ったりもしました。叱ったり、罰したりして、なんとか親指を吸うのをやめさせようとしたのですが、それはすべて息子のためだと信じて疑いませんでした。そして、本当は自分が六カ月もしないうちに授乳をやめてあまりにも早く乳房を息子から取り上げたために、息子はそれが恋しくて指をしゃぶっているのだということを、決して理解することができませんでした。

幼児期を通じて、ルカは、自分のペニスに触ることも固く禁じられていました。そこは、汚くて、恥ずかしい、嫌悪すべき場所だと教えられたのです。でも、ルカはそこをいじるととても気持ちが良いことを発見しました。

そこで、彼は、表向きはきちんとした良い子を演じつつ、陰ではひそかにペニスをいじるという二重の生活を余儀なくされることになったのです。

そのため、大きくなるにつれて、自分自身に対する正直さ、誠実さ、さらに自発性などが少しずつ損なわれてゆき、権力を手に入れることだけを考える人間になっていきました。

すでに一二歳にして、彼は表の顔と裏の顔を完全に使い分けるようになっていました。母親がいる時は、おとなしく彼女の言うことを聞き、母親がいないところでは、まったく別人のようなふるまい方をするのでした。

思春期になると、彼は新たな感覚と衝動を感じるようになり、女性に対する強烈な興味を持つようになりました。

エロティックな写真の載った雑誌に鼻を突っ込むようにして匂いをかぎながら、〈性行為をする〉というのがどんなことなのかを想像するようになりました。

一六歳になると、一人でマスターベーションをしているだけでは我慢ができなくなり、大人のように性行為をしてみたくてたまらなくなりました。でもそんなことのできる〈恋人〉がいなかったので、彼はついに貯金箱を割って、娼婦を買いに走りました。

娼婦の前で、真剣に、自分が何をしたいのかを説明しました。幸い、この娼婦は思いやりのある女性だったので、やさしく彼を女の世界に導き入れてくれました。彼は、この経験に大変強い印象を受けました。あまりにも強烈な女性との性交渉の快感に恐怖感すら覚えるほどでした。

それから二、三カ月のあいだ、何度か娼婦のもとに通いましたが、高校生の小遣いはそんなに豊富なわけではないので、すぐにこの方面の探求はおあずけとなりました。

友人の一人に誘われて、ホモセクシャルな関係を持ちましたが、自分が男には興味がないということを発見したにとどまりました。

それからようやく恋人と呼べるような女の子と出会い、いちゃいちゃしてはさまざまな快感を発見してゆきました。

ところが、この女の子といちゃついて快感を得るたびに、自己嫌悪と罪悪感が湧いてきて、その快感を台無しにしてしまうのです。そして、いよいよことに及ぼうとすると、心の中から、

「そこはすごく汚いのよ！」という声がして、まるで夜叉のように恐ろしげな母親の顔が心に浮かんでくるのです。そして、「そんな汚いことをすると、地獄に堕ちますよ！」とおどすのでした。

彼は自分が深刻な症状を持っていることを発見します。相手の女の子の性器に勃起したペニスを挿入しようとするたびに、身体じゅうから冷や汗が噴き出し、今にも死にそうな恐怖に襲われるのです。そうすると、ペニスが萎えてしまい、惨めな気持ちになって、震えながら敗北感に耐えなければなりませんでした。

これは潜在意識に潜む心のしこりによるのではないかと考えて、彼はとうとう私のところにやって来たのです。

さっそく二人で内なる旅を開始しました。すると彼は、いきなり、中世の小姓の衣装を着た自分の姿を見て面食らいました。なんと彼は、一五歳の小さなかわいらしい女の子とセックスしようとしている最中でした。

ところが、さあいよいよという時に、その女の子の父親が、剣を手に、いきなり部屋に踏み込んできたのです。まだ幼さの残った自分の娘が汚されようとしているのを見た父親は、怒り狂ってその若者を突き飛ばし、持っていた剣でその腹部を刺し貫きました。剣の切っ先はベッドの下の板まで突き通りました。若者は、恐ろしい苦悶の内に息を引き取りました。

私はルカに、その剣を自分で腹から抜いて、その傷に〈光の剣〉から金色の光を照射して当てるようにと指示しました。その傷は一瞬で癒えて、若者は再び元気になりました。それから、その若者と少女は、安全な状況で、心ゆくまで甘美なセックスを楽しんだのです……。

このセッションのあとで、ルカの人生は大きく変わりました。自分が体験した過去世が本当であったかどうかは別にして、それ以来、彼は何の苦痛もなくセックスを楽しめるようになったのです。そして、子どもの時以来あれほど彼を苦しませていた腹部の痛みが嘘のように消えてしまいました。

ただ、セックスに伴う罪悪感は完全には払拭できていませんでした。そこで、あれほど効果のあったセラピーなのだから、もしかするとこの罪悪感もなくすことができるかもしれないと考えて、再度、過去世退行セラピーに挑戦することにしたのです。

私は改めてルカを変性意識状態に導き、潜在意識の奥の深い記憶を探ってゆきました。すると、彼の目の前に、高級娼婦の一生のイメージが展開され始めたのです。

しかも、それはただの高級娼婦ではなくて、王宮に出入りする高級娼婦だったのです。絹とレースに包まれた優美な身体からは香水の香りが強く漂ってきました。この頃はまだ、風呂に入って石鹸で身体を洗うということが稀《まれ》だったのです。

この女性はかなりの年月のあいだ、その魅力的な肢体と頭の良さによって自分の思い通りの商売をしていました。客はほとんどが高位高官でした。

その絹のように滑らかな肌と機知にあふれた繊細な精神によって栄光の絶頂を極めつつある時、彼女は当時多くの人がわずらっていた梅毒にかかりました。

数カ月後には、身体じゅうが膿み始め、彼女はこの恐るべき流行病を神の罰だと感じていました。そして、心の奥で、セックスは悪いこと、悪魔の領域に属することなのだと思い込んでしまったのです。

私はルカに、その女性を抱きしめ、腕を通して、まなざしを通して、そして言葉を通して、彼女に静かな愛を注いであげるようにと言いました。その愛のエネルギーで彼女の健康と美しさを取り戻してあげるように、と言ったのです。

彼女が元気になったところで、彼女を連れて新婚旅行に行くようにと指示すると、二人は世界じゅうを旅行して回り、あちこちで素晴らしい冒険を体験し、情熱的な愛の夜と、優しさに満たされた静かな朝を迎えたのでした。

このセラピーはルカの上に、とてつもない効果を及ぼしました。彼は過去の重い荷物から完全に解放され、女性性に対して素晴らしく細やかな感受性を発揮するようになったのです。彼は、情熱的で大胆な、そして男らしい恋人になりました。しかも一方で、優しさや思いやり、感受性も以前よりはるかに良く発揮できるようになったのです。

自分の内なる女性性をもっとよく感じられるようにと、彼は長い時間をかけて、自分が女性で、きれいにお化粧をしたり、手触りの良い軽やかな衣装を着たりするところを想像しました。その結果、感じる力、愛する力が格段に発達したのです。

その後ルカは、罪悪感にも死の恐怖にもさいなまれずに、また恥ずかしいという気持ちや禁止事項に邪魔されることもなく、心の底からセックスを楽しめるようになりました。

女性との内密な関係を豊かに育《はぐく》み、優しさと自由の感覚の中で、相手とごく自然に喜びを分かち合えるようになったのです。

## 自分自身と調和する生き方

エネルギーのブロックを解除して自分で自分を癒せるようにとの願いを込めて、私たちは〈自己変容のためのカード〉というのを作りました。これを使うと、サイコセラピーを遊び感覚で気軽に行なうことができます。

内面のワークが容易にできるので、身体は健康になり、心には安らぎがもたらされます。精神が創造性を取り戻し、意識的にハイアー・セルフとコンタクトすることが可能となるのです。

このカードは、あっという間に多くのセラピストに採用され、彼らにとって大変便利なツールとなりました。このカードを使うことで、クライアントに、チャクラや下位人格などについて説明するのが大変容易になったのです。そしてクライアントを過去の苦しみから非常に簡単に解放してあげられるようになりました。

東洋には、古代から引き継がれた二つの深い霊的な遺産があります。一つは、〈転生輪廻説〉であり、もう一つは、〈真実の自己〉に関する深い洞察です。

一方、西洋には、キリストが説いた〈愛〉と〈許し〉に関する教えがあります。しかし、この教えはそれほど実践されているとはいえません。というのも、ほとんどの人間が、無条件の愛、真なる同胞愛、そして真実の許しの座であるハートのチャクラを開いていないからです。

頭で許し、言葉を使って説明するだけでは不充分です。真の許しは、ハートのチャクラが開かれて活発に働き始め、そこからエネルギーが流れ出してこそ可能となるのです。

西洋社会では、〝許しなさい〟とは教えられますが、〝どうすれば許せるのか〟ということまでは教えてもらえません。

実際には、自分が持っているあらゆる感情に向き合い、受け入れ、統御できるようになり、また他者の感情もすべて理解できるようにならないと、自分と他者を無条件で受け入れられるようにはなりません。そうなった時に、初めて無条件の愛を体現していると言えるのです。

この段階になると、許すということがなくなります。というのも、すべてを霊的なレベルで理解できるようになるので、そもそも〈許さない〉という状態がなくなってしまうからです。

転生輪廻を知り、また真実の自己を知ること、さらに愛と許しを体現すること、この四つの真理を本当に身につけた時、その人の力は無限となります。過去の苦しみから完全に解放され、素晴らしい人生を送ることが可能となるのです。

生まれてこの方の様々な経験を通して、私たちは自分の霊的本質とのコンタクトを失ってしまいました。私たちは、自分自身、ならびに他者に対して、否定的な見方をするのが当然となっています。そしてそのような狭い否定的な見方は、苦しみや孤立へとつながる暗い態度を生み出します。

やがて、そういう苦しい感情は、〈私〉の一部である〈下位人格〉の中に凍結され、徐々に潜在意識の奥深くに押し込められてゆきます。そして、そうした感情は、なんとか私たちの関心を引こうとして数多くの否定的な出来事を現実世界に引き起こします。そのようにすることで、自分の言い分を聞いてもらい、助けてもらい、解放してもらい、〈私〉の全体の中に統合してもらいたい、と思っているのです。

〈霊体〉、〈精神体〉、〈感情体〉そして〈物質体〉のパイプがそれぞれつながらない限り、愛の光、霊的な光が下位の三つの〈体〉に流れてゆかず、したがって、過去のあらゆるトラウマが押し込められている苦しい記憶が癒されることはありません。

潜在意識の深みに隠されていた〈下位人格〉、さまざまな〈役割〉、そして〈考え方〉を、意識の表面に上らせて明るみに出すことによって、初めて、私たちは霊的な力を使って自分を癒し、また他者との関係を癒すことが可能となるのです。

そして、そのことによって初めて私たちの現在は、過去に形成された〈過《あやま》てる信念〉による条件づけから解放されるのです。私たちの現在は、その時、ハイアー・セルフという尽きざる泉から流れ出る光の清水を受け入れる聖杯となるのです。

自分の幸福、そして自分以外のすべての人々の幸福のためには、他者を変えようとするのではなく、まず自分が変わることが不可欠なのです。

ようやく到来しつつある〈スピリチュアルな時代〉が本格的なものとなった暁《あかつき》には、他者に強制的に従属させられるということがなくなり、従ってその結果としての病気も戦争もなくなるでしょう。それぞれが自分の内なる声に導かれ、自分自身のあらゆる部分と調和して生きることが可能となるため、すべての生き物と仲良くしながら、やすらぎに満たされた美しい人生を送ることができるようになるのです。

# 第二章
# 失われた〈力〉を取り戻す

この章では、我々のエネルギーについての話をしましょう。まず、〈霊体〉が〈精神体〉にエネルギーを与え、〈精神体〉が〈感情体〉にエネルギーを与えます。そして、〈感情体〉が〈物質体〉にエネルギーを与えるのです。

普通の人の場合、〈精神体〉と〈感情体〉の中にいろいろなブロックができていますが、これらのブロックは、人生を霊的な次元から見られないことが原因となって生まれた否定的な〈思考パターン〉によって作り出されたものです。

そして、これらのブロックは、チャクラと呼ばれるエネルギー・センターの中に見つけることができます。

肉体は、物質的な器官から作られていますが、〈感情体〉と〈精神体〉は、非物質的な波動によって作られています。したがって、これらの〈体〉は普通の人には見えません。霊視能力を持った人にしか見えないのです。

チャクラとは、渦巻状になったエネルギーのセンターで、このチャクラを通して、霊的なエネルギーが精神エネルギーになり、精神エネルギーが感情エネルギーになり、感情エネルギーが肉体エネルギーに変換されるのです。

原始の暗い意識状態にとどまっている人は、世界を〈根のチャクラ（第一チャクラ）〉だけを通して見ます。このチャクラは、生き延びることと生理的な欲求の満足をつかさどっているからです。

それぞれのチャクラは、人間の意識の発達度と関連しています。どのチャクラが開くかによって、霊的現実をどこまで認識できるかということが決まってくるのです。

例えば、第三チャクラである〈太陽神経叢のチャクラ〉は、この地球上に住むほとんどの人が達している意識レベルに対応しています。このチャクラがつかさどるのは、権力、支配、自分の価値を感じること、などです。

今、人類は大きな意識の飛躍を迎えようとしています。つまり、人類全体がいよいよ〈ハートのチャクラ〉を開いて、無条件の愛のレベルに達しようとしているのです。自分自身や他者に危害を加えることをもうやめようとしているのです。支配と被支配が織りなす苦しみの世界から脱却しようとしているのです。そうして、やすらぎだけが存在する愛に満ちた世界を創り出そうとしているのです。そのためには、〈ハートのチャクラ〉が完全に開かれる必要があります。

脊椎の基底部から頭頂部まで、垂直に七つのチャクラが存在しています。これから、それらのチャクラについて、ごく簡単に説明しておきましょう。

◆第一チャクラ――〈根のチャクラ〉（安全・生存）
・脊椎の基底部、尾骨の先端にある
・自分自身をどう見るか、に関わる
・肉体の生存をつかさどる。セクシャリティ、創造性、肉体組織の再生、生き延びること、安全の確保などに関わる

◆第二チャクラ――〈脾臓のチャクラ〉（感情）
・へその少し下にある
・自分自身をどう感じるか、に関わる
・人間の感情をつかさどる。人生の途上で起こるあらゆる精神的トラウマの記憶が保存されている

◆第三チャクラ――〈太陽神経叢のチャクラ〉（力）
・肋骨とへそのあいだ、胃のあたりに存在する。太陽神経叢の位置とも重なる
・自分自身について何を考えるか、に関わる

・力への意志、成功への欲求、自己信頼をつかさどる

◆第四チャクラ――〈ハートのチャクラ〉（愛）
・胸の中心にある
・自分自身をどのようにして愛するか、に関わる
・無条件の愛、思いやり、あらゆるかたちでの調和をつかさどる。下位にある三つのチャクラと上位にある三つのチャクラを統合する役目がある。〈霊体〉の中心である

◆第五チャクラ――〈喉のチャクラ〉（表現）
・喉の甲状腺の位置にある
・どのように自分を表現するか、に関わる
・望みを表現し、豊かさを確保する

◆第六チャクラ――〈第三の目のチャクラ〉（内なるビジョン）
・眉間にある。脳下垂体の位置に対応する

・自分自身をどう認識するか、に関わる
・〈内なる判断〉の座。この部分で、自分自身に対する判断、他者に対する判断を下す。また、霊視、霊聴その他の霊能力の座でもある

◆第七チャクラ――〈王冠のチャクラ〉（天使）
・頭頂にある。松果体に対応する
・人生の意味をどう捉えるか、に関わる
・霊的存在からのエネルギーを受け取るのは、このチャクラを通してである。このチャクラは天使と関係がある。つまり、光の存在とつながるときにこのチャクラを使うのである。このチャクラが開くと、あらゆる生命体と一つになって生きることができる

私たちは、自分の意識レベルに応じて様々なチャクラの中にブロックを作り、霊的存在から流れてくるエネルギーと情報をフィルターにかけてしまいます。しかし、それらのブロックがあるからといってチャクラの機能が完全に閉じているわけではなく、そこに流れるエネルギーが減少して、私たちが完全な意識で、最大の活力とともに生きるのを妨げているだけなのです。

これらのブロックは、下位人格とネガティブな思考パターンが合体して凍結され、クラスターのようになったものから作られています。

スピリチュアル・サイコセラピーを行なう際に、時空を超えるトンネルを通って大きなブロックのあるチャクラに行く、という方法を取ることもできます。

生命の流れを妨げていた心のしこりをチャクラから取り除くことによって、生命エネルギーが活発に流れはじめ、〈物質体〉がますます多くの光を受けられるようになります。

このワークを行なうと、多くの場合、クライアントは元気と情熱を取り戻し、まるで生まれ変わったような気持ちになることがあります。子ども時代のように生き生きとしてくるのです。

この〈第二の誕生〉は本当に素晴らしい体験です。新たな意識が生じて、人生に再び春がめぐってきたように思われるからです。そこには、流れるような、軽やかな喜びが伴っています。天使のように羽が生えた感じがします。人生の一瞬一瞬がまるでお祭りのように楽しく感じられるのです。

ほとんどの場合、この変容は病気の治癒、肉体の不自由からの解放を伴います。多くの人が信じているのとは異なり、私たちの遺伝子は固定化されたものではありません。ＤＮＡは変化しうるのです。私たちの感情や信念が変われば、ＤＮＡの配置でさえ変化するのです。

恨み、怒り、苦悩を心から追い出し、恐怖を信頼に変えて魂からの甘露を受けられるようになると、両親から受け継いだ遺伝子の構造すら変化するのです。なんと素晴らしいことでしょう！

両親が貧乏だったからといって、私たちまで貧乏に暮らす必要はありません。私たちは私たちで豊かに暮らすことは可能なのです。

二〇世紀後半の生物学は、おかしくなった遺伝子も回復すること、そして完全に変化しうることを明らかにしました。

〈第二の誕生〉という現象は、私たちが本当に自分自身を愛した結果、ハイアー・セルフが持っている偉大な創造性を使えるようになれば、両親から引き継いだ肉体でさえ作り変えることができる、という事実に気づかせてくれたのです。

私たちはもともと神聖な存在なのです。あちこちさまよって物乞いをするのはもうやめましょう。失われた至高の力を取り戻し、聖なる王冠（〈王冠のチャクラ〉）を自分の頭にみずからかぶせようではありませんか。

# 第三章
# 過去世を知る子どもたち

子どもは、一三歳ころまでは過去世の影響を強く受けて生きています。このことを理解していれば、多くの心理学者が理解できずにそのまま放置している現象のほとんどがいとも簡単に解明できます。

どうして食べ物を隠す子どもがいるのでしょうか？　その子が、過去世において飢えのために死んだということが分かれば、その子のふるまいは理にかなったものであることが分かります。

しかし、そのことが分からないと、一般的な心理学者や精神科医のように、その子のふるまいを、わけの分からない〈強迫衝動〉によるものだ、と決めつけることになります。

あるいは、オモチャの兵隊で遊ぶのが大好きな子どもがいますが、これはいったいどういうわけなのでしょう？　もしこの子が前世において兵士をしており、戦死を遂げていたのだとしたらどうでしょう？　その時の恐怖を打ち払うために、絶対に死なない兵士を使って繰り返し戦争をやり直すのです。どんなに戦っても大丈夫であることを確認して安心するわけです。

私は、ある友人のことを思い出します。息子が小さかった頃、彼は戦争に関わる遊びや暴力を思わせる遊びをいっさい禁止しました。暴力的な絵本やマンガ、アニメも禁じました。

ところがある日、四歳になった息子を後ろの席に乗せてドライブをしている最中に、スピードを出しすぎて運悪く警官に止められたのです。すると、その時、息子が拳銃に弾をこめる真似をし、警官に向かって、ぎこちない動作ではありますが、しっかりと構えたのを見たのです。そして、息子が拳銃の扱い方を知っているということに気がついたのです。

家にはテレビがありませんので、戦争映画も暴力映画も見たことはないはずです。もちろん、拳銃を手にしたことなどあろうはずがありません。その時、もしかしたらこの子は、過去世で兵士だったのかもしれない、と直観的に思いました。

数カ月後、彼はアメリカの有名なチャネラーであるケビン・ライアーソン――シャーリー・マクレーンがその本に登場させたことでよく知られるようになったわけですが――に質問する機会を得ました。

ケビンは、ガイド・スピリットたちからの情報によって、友人の息子が直前の過去世でアメリカの兵士をしており、ベトナム戦争で命を落とした、ということを教えてくれました。それは彼の直観とも一致するものでした。そこで、彼は息子にプラスチック製の武器を与え、心ゆくまで遊ばせることにしたのです。

そして一三歳になった時、この子は戦争遊びを完全にやめ、バランスの取れた素直な少年になったということです。

もし、ミサに行ってお祈りをするのが大好きで、しかも時間をきちんと守って生活するのが好きな女の子がいた場合、その子がお人形遊びをしないからといって叱る必要はあるのでしょうか？　たぶん、その子は過去世において尼さんをしており、その時の記憶を持ち越しているのでしょうから、その点をわきまえて育てるとよいのです。彼女の意志を尊重して自由にさせるべきだと思います。そうすれば、やがて過去世の生き方を手放して、新たな可能性に挑戦するかもしれません。

私の娘ドリーヌは、小さい頃、非常に不思議なふるまいを見せました。重々しい口調でよくこう言ったのです。「今のお父さんとお母さんは、私の本当の両親ではありません。私の本当の両親は王様と女王様なのですから。本当のお父様とお母様は豪華な金色の馬車と召使いをたくさん持っていました」

彼女が六歳になった時、公立の小学校に入れたのですが、それからが本当に大変でした。彼女は、どんな場面でも一番にならないと承知しないのです。先生が他の子を一番にしようものならうちの娘はそれを不服として大騒ぎを始め、ついには私たちが迎えに行かなければならなくなるのでした。

朝、学校に行く時も、絶対自分が一番先に着きたいので、一時間も前から行くと言ってきかないのです。いやはや、これには困り果てました。いったいどうなっているのでしょう? 心理学者たちに相談してもお手上げでした。精神科医は、あげくの果てに、抗不安剤を与えようと言い出す始末です。

どうしようもなくなって、私たちはついにあるチャネラーに相談しました。そうしたところ、そのチャネラーのガイド・スピリットたちが、娘の直前の過去世は一六世紀のスペイン王室の王女であったと伝えてきました。そして、彼女をよく観察することによって、当時のスペインの王宮における様々なしきたりや典礼の様子を理解できるだろう、と言うのでした。

始めはとうてい信じられませんでした。しかし、やがて少しずつそのメッセージの意味が分かるようになりました。私たちの娘はまず、絶対に掃除を手伝おうとはしませんでした。それは下女の仕事だ、と言うのです。また、朝になって目が覚めると、自分のドレスを全部持ってこさせ、その中から気に入ったものを一枚選ぶのです。これには私たちも閉口しました。

スペインの歴史を研究してみると、確かに中世において、女王と王女のもとに毎朝すべてのドレスを持って行くことになっていたという事実が判明しました。二人はまずそれを拒否します。それから、いやいやながらといった尊大な態度で、その中の一枚を選ぶのです。それが意味するところは、「私にふさわしい美しいドレスが一枚もない。でも仕方ないから一枚選んであげよう。これは、お前たちに対する好意のしるしなのだよ」ということだったようです。一見とんでもないように思われる子どものふるまいでも、このようにすればよく納得できるものなのです。

過去世があることが分かれば、子どもたちの実に不思議ないろいろな面が理解できるようになります。もし、過去世がないとしたら、そうしたことは、奇妙で不可解、突拍子もないことのように思われるはずです。場合によっては強い衝撃を受けることもあるでしょう。

アメリカ合衆国のいくつかの州にわたって綿密な調査が行なわれ、過去世を証明する確かな証拠が数多く発見されました。その成果が本として出版されていますが、その中には、多くの子どもたちが思い出した過去世が、実地調査に基づいて正しいものであるとされた例が多数引用されています。

しかし、その本がどれほど説得力に富んでいようとも、頭から過去世を否定する人たちにとってそれは何の意味も持ちません。ただ、ほんの少しでも心を開いた人々であれば、自分が幼い頃から受けた教育によって形づくられた世界観を変更することは可能なのです。自分の子どもたちの過去世を確かめることだってできるのです。でも、どうやればいいのでしょうか？　普通の人の場合、身近にいつも霊能力者やチャネラーがいるとは限りません。

でも、実はここに、過去世について知るためのとても簡単な方法があるのです。それは、〈内なる旅〉という手法であり、この方法を使えば、五、六歳の子どもだったら簡単に過去世に行くことができます。

まず、子どもを横たわらせ、何度か深い深呼吸をさせます。そして、心を楽にして〈心の中にある楽しい庭〉で遊ぶように指示します。そして、その様子を自由に語らせるのです。

それから、川のそばに行き、その川の透き通ったおいしい水を飲むようにと指示します。水を飲んだら、裸になってその川の中に入り、水に溶け込んで水と一つになるように言います。次に、水から上がり、太陽の光で身体を乾かします。

そばの木の枝に白い服が下がっているので、それを着ます。それから、愛に満ちた優しいガイド・スピリットたちとガーディアン・スピリットがいるのを感じます。

子どもたちはとても簡単にそうした霊的存在を見ることができます。もし、すぐに見られない場合には、自分の好きな友だちがまわりにいるのを想像してごらん、と言えばよいでしょう。

それから、みんなと一緒に光の中に入って行き、光が出ているもとのところまでさかのぼるように言います。きっと子どもは光の源泉にたどり着き、光と一体になれるでしょう。

そうしたら、その光から〈光の剣〉を受け取るように指示します。この剣はこれから一緒に冒険のお供をしてくれる素晴らしい力を持った剣なのです。

その剣に導かれて時のトンネルをさかのぼり、現在に最も関係のある過去の場面に行きます。そして、何が見えるかを子どもに説明させるのです。

もし怖い場面が出て来て感情が乱れたら、すぐにその剣をその場面に向けるように言いましょう。剣の先から光がほとばしり出て、その場面を良いものに変えてくれるはずです。つらい場面に出会ったら、剣の助けを借りて、それを良いものに変えることができるのです。

私は七歳になるある女の子のことを思い出します。この子はひどい近視に悩んでいました。〈内面への旅〉をして過去世に行ってみると、中世で魔女として捕らえられ、目をえぐられていたことが分かりました。私は、〈映画の内容を変える〉ことを提案しました。

彼女はその場面に王子様を登場させて助けてもらいました。すると、信じられないことですが、その近視が数週間後には治ってしまったのです。すべての場合にこれほど目覚ましい結果が得られるわけではありませんが、それでも、潜在意識の深いところに潜んでいた記憶を変えることによって、現在の状況が変化するということは頻繁に起こります。というのも、現在の状況というのは、過去世の記憶の総体によって決められているからです。また一方で、現在の状況は、魂から流れ出し、私たちを未来へと導いてくれる霊的なエネルギーの影響も受けています。

こうして子どもが過去世の詳細を語る時、そこには本や映画からはとても得られない情報が含まれていることがあります。

私の娘が六歳の時のことです。私に対し、何度も繰り返して、「私のことをぶたないで」と言ったことがありました。私は彼女を叩いたことが一度もなかったので、この言葉は私の注意を引きました。

そこで、私は彼女に〈内面への旅〉をしてみようと提案しました。

すると、彼女は古代のローマにワープしました。この転生においても、私は彼女の父親をしており、彼女をいじめているのでした。「どこに住んでいるの？」と聞いてみると、数階建ての、レンガでできたとても大きな建物だと言いました。

ローマ市に、平民が住むそうした大きな建物があったことを彼女が知る由もありませんでした。場所や、人々が着ている衣服、またその当時の風習について彼女が語るのを聞いていると、まるで当時のローマに生きているような気分になってくるのでした。

もちろん、私たちは協力して〈映画〉の内容を書き換え、怒りっぽいそのローマ人を、優しい、思いやりのある、愛情深いパパに変えました。その結果、私たちの今世での関係も大幅に改善されたのです。

過去世への旅を行なうことによって、子どもたちは、過去世で受けたトラウマから解放され、今の人生によりよく適応できるようになります。潜在意識の奥深くに隠された記憶に直面した上で、創造的に生きることを選択できるようにしてあげることは、子どもたちにとっては非常に大きな意味を持った教育だと思います。

実際、多くのおちびちゃんたちが、遊びや空想のゲームを通して、苦しみに満ちた過去世の記憶から解放されようとしています。実は、彼らを助ける目的で、庶民の知恵として数々のおとぎ話が生み出されてきたのです。そこでは、葛藤を解決し、怖れを克服し、魂を象徴する〈内なる王女様〉を見つけ出すために必要なたくさんのモデルが提供されています。

魂と調和すると、私たちは絶えず、夢、想像、直観、内なる声などによって導かれるようになります。私たちはまた、お仕着せのおとぎ話だけではなく、一緒に、その子だけのためのオーダー・メイドのおとぎ話を作り、子ども自身に必要な人物や状況を選ばせることもできます。

私の娘が五歳の時、何カ月ものあいだ、自分で作ったおとぎ話を聞かせてくれたことがありました。ある王女様がいるのですが、この王女様はとても厳しい生活を余儀なくされ、完全に自由を奪われて生きているのでした。しかし、ある時ついに素晴らしい王子様が馬に乗って助けに来てくれ、彼女を森や野原に連れ出して、一緒に楽しく遊んでくれるのです。

また、ある女の子が両親に、いつも、ある尼僧のお話をせがみました。夜中に修道院が火事になった時、この尼僧はちょうど間に合うように目を覚まし、警鐘をならして修道院を救う、というお話です。

この子に過去世退行を行なってみると、この子は修道女だった頃のことを非常に詳しく語りました。ただし、実際は、上のお話とは違い、その修道女は折りよく目を覚ますことができず、修道院はすっかり焼けてしまいました。そのことで、この女の子は、非常な罪悪感を持つようになったのです。

子どもがよく親にせがむお話には、過去世の記憶、映画の一コマやおとぎ話の一節、また読んだ本の断片などがあれこれと入り混じっています。しかし、それはそれでかまわないのです。大切なのは、子どもがそうしたお話を聞いて、安心し、自分の問題を解決できるようになるということなのです。

ところで、両親のうち一人が、あるいは両親が二人とも、子どもを置いて何日間か出かけなければならなくなった時の良い方法をお教えしましょう。

子どもに申しわけないと思う必要はありません。それよりも、本で読んだお話や自分で作った話を、留守にする日にちの分だけカセットに吹き込んでおくのです。

こうしておけば、子どもは夜になって寝る前に大好きなママやパパの声でお話を聞くことができるわけです。お話が終わったら、子どもに愛しているよと言い、どんなに離れていても心の電話はつながっているのだから安心して寝るようにと言うのです。

物質的に見れば私たちは分離しているように見えますが、本当は愛の宇宙の中にひたっており、そこではすべてが結びついています。

子どもたちは右脳が完全に開いていますので、人生が魔法のように見えます。また、霊的存在についてもよく知っており、人間が不死であることも感じています。時おり彼らはガイド・スピリットや天使たち、また様々な妖精たちを、見たり、感じ取ったりします。

多くの子どもたちが、すでに亡くなって霊界にいる両親や友だちの存在を感じます。また、大人になってから退行セラピーを行なって幼児期まで退行した際に、自分がその頃、目に見えない存在たちと交流していたということを知って驚く場合があります。

私自身も、二五歳の時に行なった退行で、自分が小さい頃、ガイド・スピリットたちやガーディアン・スピリット、それに小さな妖精たちと日常的にコンタクトしていたことを知り、深い感動を覚えたものでした。それらの目に見えない存在たちは六歳頃まで私を守ってくれていたのです。

ある事情があって彼らと別れたのですが、この別れは私の中に癒しがたい傷を残しました。この時の深い傷が原因となって、私は、神経質で、ストレスを感じやすい、勉強ばかりする子どもになったのです。この時できた心の穴はなかなか埋めることができませんでした。

妖精たちとコンタクトを断ってから一九年後に、再び彼らとの絆を取り戻したわけですが、この時の喜びは本当に大きなものでした。私がひきずっていた悲しみは一瞬にして消え去ってしまいました。

その頃、両親に、私が小さい時に何か変わったところはなかったか、とたずねて見ると、両親は、「そうだね。よく、目に見えないお友だちと遊んでいる、と言っていたね。お友だちの様子をこまごまと教えてくれたものだよ。そして、それを信じないと、すごく怒ったものさ」と言うのでした。

こうして目に見えない世界と交流できるようになると、私たちは、なぜ子どもたちの方が大人たちよりもはるかに幸せそうなのかがよく分かります。子どもたちは、妖精たちで一杯の魔法のような世界、彼らを優しく見守ってくれる存在たちに満ちあふれた輝かしい世界の中で生きているからなのです。彼らはまだ、デカルト的な論理によって、世界を〈脱魔法化〉していないのです。天使たちが彼らに微笑みかけ、優しい愛が光の奔流のように彼らに注がれているのを感じ取っているのです。

子どもたちに〈内面への旅〉を教え、見えない世界への扉を開いたままにしておくことを教えると、学校へ上がる年齢になっても、彼らは右脳をブロックして左脳だけを使うようになることがありません。

時空を超えた過去への旅行によって潜在意識の中に埋め込まれていたトラウマが癒されるだけでなく、隠された才能、潜在能力が発現することもあります。

ある一二歳の男の子が極度の引っ込み思案に悩んでいました。人前で話すことができなかったのです。そんな状況になると、ものすごく不安になり、口ごもってしまうのです。

そこで過去世退行セラピーを行なってみました。リラックスして時間のトンネルに入って行くと、なんと、大指揮者として大きなオーケストラを指揮している自分が見えてきました。この過去世は彼にたくさんの勇気を与え、引っ込み思案は一瞬で吹き飛んでしまいました。さらに、音楽に関することがとても簡単に学べることも発見しました。

別の過去世に行ってみると、今度はローマ時代の護民官である自分が見えてきました。帝国が終わる頃の時代で、彼の配下の兵士たちが反乱を起こしました。彼は〈燃えるような〉演説をして一生懸命説得しようとするのですが、兵士たちはまったく話を聞こうとせず、彼をリンチにかけます。偶然の一致かどうか分かりませんが、この子は、小さい時、口狭炎にたびたびかかっていたといいます。

私とその子はフィルムを巻き戻し、護民官が自分の演説の力で救われるように場面を変えました。こうして、この子の引っ込み思案と口狭炎はすっかり治ってしまったのです。

アメリカ合衆国に、過去世退行の技術を子どもと大人の両方に教える学校があります。経営しているのはクリス・グリスコムですが、ここでの成果は目を見張るばかりです。というのも、ここで教育を受けた人々は、単に頭で知識を得るだけでなく、身体と心を通して深い体験をするからなのです。

自分が多次元的な存在であるということが心の底から納得できるので、ここで学んだ若者たちは、自分自身ならびに自分を取り囲む世界に関して非常に拡大されたビジョンを持つようになります。彼らは自分の人生計画、また自分が過去世でなし遂げたことを知っているので、本質的なことに集中して、不安を抱かず、多くの子ども、若者、大人たちが陥っている体制順応主義を免《まぬが》れて、力強く未来に向かって進んでゆくことができます。

私は、早くすべての学校で〈内面への旅〉を教えるようになればいいと思っています。そうすれば、生徒たちは自分を本当に深く知ることが可能となるからです。そういう時代が来るまでは、子どもを幸せな大人にしたいと考えている両親は、私たちのプログラムに参加することによって、子どもたちに非常に豊かな経験をさせてあげることができます。

この章を終えるにあたって、私の妻ジョアンヌ・ラザナマヘイに語ってもらいましょう。彼女は、過去世退行セラピーによって、息子が抱えていた問題をとても優雅に解決したのです。

＊　＊　＊

一〇歳になる息子のグウェナエルは、窓のある部屋で寝ることになると、窓に鍵が二重にかかっていることをちゃんと確かめない限り決して寝られません。さらに、それだけではなくて、窓に厚いカーテンを引いて、光がまったく入らない状態にしないといけないのです。どこに行っても、このことが問題となりました。

また、窓にそれほど神経質になる息子が、ドアにはまったく無頓着であることにも気づいていました。ドアだったら、開けっ放しにしておいても一向に気にならないようなのです。

何年ものあいだ、私はそれが何故なのかさっぱり分かりませんでした。でも、とにかく彼がそうしてと言うので、そうし続けたわけです。

ある時、私はスピリチュアル・サイコセラピーに興味を持ち、それを学び始めました。そして、息子を治してあげようと思い立ちました。最初はどうやったらいいのかが分からなかったので、とりあえず私のガイド・スピリットたちを呼び、彼らからインスピレーションをもらってみようと思いました。

ある晩、息子に〈内面への旅〉をさせてみたらどうだろう、というアイデアが浮かびました。もちろん、息子には〈内面への旅〉などという言葉は使わず、また知的な説明もしませんでした。

ただ、寝る前にお母さんと一緒に遊ぼうと言っただけです。心に浮かんでくることをそのまま見てみよう、と言ったのです。彼はベッドに行かずにいつまでも私と一緒にいたいので、喜んでこの遊びを受け入れました。

まず静かな音楽をかけました。そして彼と一緒に笑いました。それから、彼の手を取って、目を閉じてゆっくり静かに呼吸をするように言いました。そして、お母さんがそばにいるのだから何も心配しなくていいのよ、お母さんの声を聞きながら眠るようなつもりで心に浮かんでくることを見てごらん、と言ったのです。

もし本当に眠ってしまったら、そのままベッドに運ぼうと思っていました。でも、彼は眠り込まずに遊びを続けました。

まったく子どもというのは驚くべき才能を持っているものです。彼は私を完全に信頼してくれました。深呼吸をしている彼の手を握り、さあ、出発です。

——ねえ、グウェナエル、どうして夜になると部屋の窓を閉めたがるの？

「どうしても閉めたくなるんだ。でも、そのわけを言うと、きっとママは僕が変な子だと思うんじゃないかな」

——ううん、そんなことないわよ。いいから言ってごらんなさい。ママはどうしても知りたいの。それに、これは遊びなんだから。おかしなことを言ってもいいのよ。

「それなら言うけど、いい、これは遊びなんだよ。そう、僕はね、窓から泥棒が入ってきて僕を殺すのが怖いんだ。それに、このことは、ずいぶん前にママに言ったよ」

——そうだったかしら？　ふーん、そうなの。窓から泥棒が入ってくるのが怖いのね。でも、ドアは開けておいても大丈夫なの？

「大丈夫だよ。泥棒たちは窓から入ってくるんだから。今にも窓が開きそうでとても怖くなるんだ」

――そう。でも、どうして泥棒たちはあなたを殺そうとするのかしら？

「だって、僕が、あいつらを牢屋に入れたからなんだ。分かる？　まず、あいつらの親分をつかまえて牢屋に入れたんだ。それからあいつらをつかまえて牢屋に入れたんだ」

――ふーん、そうなの。

「そうだよ、ママ。あいつらをつかまえないと、あいつらは町の人を襲ったり、町の人や僕を殺したり、町に火をつけたりするんだ。それで、つかまえたの。あいつらを牢屋に入れるとき、僕は最初、君たちと戦うつもりはないから、この町から出て行ってくれ、と言ったんだ。でも、あいつらは、町から出て行こうとしなかった。それで仕方がなくて、つかまえたんだ。そして牢屋に入れたの」

――そうだったの……。

「それから、あいつらは親分を助けようとしたんだ。それから仲間も。あいつらが牢屋を襲ったとき、僕も戦って何人か殺した。本当は殺したくなかったんだけど、仕方がなかったんだ。だから、あいつらが仕返しに来るんじゃないかと思って怖いんだ」

――そうなの。どんなふうになりそうなの？

「あいつらが戻ってくるんだよ、ママ」

——なぜ戻ってくるの？

「仕返しするためじゃないか。すごく怒っているんだ」

——だけど、どうして仕返しにくるなんて思うの？　どうしてそう考えるの？

「決まってるじゃないか。窓から僕を引きずり出すんだ」

——そうなの？　なるほど、そう思うんだね。だけど、それが起こらないようにすれば？

「何言ってるんだ、ママ。僕を馬鹿にするの？　これは遊びじゃないか。これはお話なんだよ」

——そうよ。その通りよ。遊びを続けましょう。そして、今のお話を映画だと思うのよ。いい？　そして、今度は映画の中身を変えるの。さあ、映画を見ていると思って。映画の終わり方がイヤなんでしょ？　だったらそれを変えましょう。そうすれば、怖くなるでしょう？

「分かった。じゃあ、もう一度やってみるよ」

——そう。あいつらが見えるかな？

「見えるよ。うん、そこにいる」

——何人もいるの？

「そうだって、もう言ったでしょ！」

——じゃあ、その人たちが何人も見えるのね。だったら、あなたが考えていることを、その人たちに言ってあげなさい。

「分かった。僕はあいつらに痛い思いをさせたいわけじゃない。あいつらを牢屋に入れたいわけじゃない。そんなふうになるのはイヤなんだ」

——そうね。でも、ママに言うのじゃなくて、彼らに言ってあげたらいいのよ。彼らにそう言っているところを想像してごらんなさい。どう、できた？

「うん、できたよ！」

——そう。じゃあ、彼らの様子を見てごらん。気がすんだみたいかな？　それともまだ怒ってる？

「うん、まだ怒ってる」

——そう、だったら、もっと上手に説明してあげなさい。心を使って。いい、心を使って説明するのよ。

「うん……。よし、今度はうまくいったぞ。僕は本当はそうしたくなかった、と言ったんだ。みんなにとって都合のいい方法を考えるべきだった、でも、そうする以外になかったんだ、だって、君たちは僕の言うことを分かってくれなかったんだもの、って」

——そう。で、彼らは今度はどうかな？　落ち着いた？

「うん、静かにしてる」

——そう、よかったね。じゃあ、今度は、みんなを空の星の方へと送ってあげられる？

「うん、ママ、やってみるよ。遊びだからね。でも、どうして星の方に送るの？」

——いいから、とにかくやってごらん。そして、彼らの様子を見るのよ。さあ、彼らを星の方に送ってあげるの。

「うん、分かった！」

——さあ、みんなを愛してるよ、って言ってあげて。だって、本当にそうなんだから。

「うん、愛してるって言った」

——じゃあ、星の方に送ってあげなさい。

「分かった！」

——どう、見える？

「うん、見えるよ」

——星の方に向かっているかな？

「うん、上がっていって、ほら、ほら、ああ、消えちゃった！」

——よーし、よかったね。うん、君はとっても素敵な映画監督だ。今度の新しいお話の方がずっといいね。ほんとに！　今度、そのお話を書いてごらん！

「……ママ、眠いよ……」

――そうだね。もう眠っていいよ。ベッドに連れていってあげて、たくさんキスしてあげる。愛しているわ、グウェナエル、私のいとしい子。

その時以来、グウェナエルは一度も窓を怖がっていません。

## 第四章
# 人は何のために生きるのか

事故などに遭った時、ほんの数秒のあいだに自分の一生が目の前に展開されるのを見る、という現象があることはよく知られています。また、特殊な状況で、幼い時の場面や過去世の場面が突然見え出す、ということもあります。

ある講演会で、聴衆の中から一人を選び、太鼓の音を使った過去世退行セラピーのデモンストレーションを行なっている最中に、私は、二列目の席で老齢の婦人が気を失ったのに気づきました。医者である私は、とっさに介護に走ろうと思いましたが、その時、内なる声がして、「大丈夫。すべてはうまくいっています。心配しないでデモンストレーションを続けてください」とささやくのを聞きました。数分後、この婦人が意識を取り戻したのが分かりました。講演が終わると、私は急いでこの婦人のところに行き、何が起こったのかを尋ねました。その時彼女が語ってくれたことは実に驚くべきことでした。

「規則的な太鼓の音がし始めたとたん、私はトランス状態に入り、身体の感覚を失いました。様々なイメージがものすごい速さで頭に浮かんできたのですが、その中で自分が一七歳か一八歳くらいの若者になっているのが見えました。その若者はナポレオンの軍隊に入っており、ちょうど太鼓の音に合わせて突撃しているところでした。私には、その若者が感じていること、考えていることがすべて感じられました。彼は戦うのが嫌で、死ぬことを恐がっていました。でも、戦いの前に飲まされたお酒と太鼓の音のせいで、感覚がかなり麻痺しており、思考が正常に働きません。膝を突いて銃を撃つように、という命令が下るのを待ちながら前進していました。ところが、そのとき突然、心臓のあたりを撃たれ、そして私は即死したのです」

一瞬沈黙してから婦人は続けました。

「どうして自分が、銃や武器、また戦争に関わることをあれほど嫌っていたかがようやく分かりました。私は、人を編入して序列づける組織、団体、機関をすべて警戒していました」

この婦人の場合、自発的な退行を引き起こした要因は太鼓の音でした。それ以外にも、自発的な退行は、熱を出した時、自分が属していた時代に関する本を読んだり映画を観たりした時、かつて自分がいた国に旅行した時などにも起こります。私たちは、旅行することによって、過去世で生活していた場所に行き、かつてそこで経験した苦しみから解放されることがけっこうあるのです。

私にもそうした経験があります。一二歳の時に私は初めてローマに行ったのですが、コロセウムに入ったとたん、非常に強烈な感情に襲われました。突然、廃墟が単なる石の集積であることをやめ、生き生きした表情を帯び始めたのです。

階段席に、トガと呼ばれる服を着た群衆がひしめいているのが見えました。そして、自分が、これからライオンの餌にされる初期のキリスト教徒であるということが分かったのです。情景はすさまじい光を放っており、まわりの音も大変強烈でした。その若者が相反する感情に引き裂かれているのが感じられました。

一方で、彼は群集に不安を感じており、生命を失うことを恐れていました。しかし、もう一方では、熱い信仰心に燃えており、運命を愛の心で甘受しようとしていたのです。ライオンが飛びかかってきて、若者の喉に牙を立てた瞬間、あまりにも強烈なショックのために、私は気を失ってしまいました。一緒にいた友人たちが介抱してくれ、私は気を取り戻しました。起こったことを話すと、彼らはみんな茫然としてしまいました。なにしろ当時の地形について詳しく語り、また起こったことを細部にいたるまで正確に語ったからです。

私の妻のジョアンヌ・ラザナマヘイは、子どもの頃、目の前の風景に二重写しになって様々なイメージが展開されるのをしょっちゅう見ていました。行ったことのない場所や、彼女の国には存在しない衣服を着た人々の姿を見て、幼心《おさなごころ》にも不思議で不思議でしかたなかったそうです。後年になって、それらがすべて自分の過去世であったということが分かり、その意味を解釈することができるようになったのです。

数年前、私はエジプトのアビドス寺院に行き、有名なガイドであるオム・セティにそこを案内してもらいました。アルプスの湖のように澄んだ瞳を持つ、真っ白い髪をしたこの老婦人は、そろそろ人生の最後の時期にさしかかっていましたが、その人生はまことに驚くべきものでした。

一〇歳の時——彼女はイギリス人で、その頃はロンドンに住んでいました——、大英博物館の古代エジプトの展示会場に行きました。すると、まるで自分の家にいるような感じがして、そこを離れることができなくなってしまったのです。しかも、壁に掛けて展示してあった象形文字をすらすらと読み取って、博物館員を唖然とさせました。

自分がある過去世においてアビドス寺院で女性の大司祭をしていたことを思い出した彼女は、その後、熱烈なエジプト学者になりました。エジプト人だった時の記憶をもとに、彼女は考古学上の目ざましい研究を行ない、世界じゅうに知られることになりました。

案内に際して、彼女は知的な説明はいっさい行ないませんでした。靴を脱いで入るように言うと、彼女は当時の儀式の様子を言葉で具体的に描写し始めました。その言葉の喚起力があまりにも素晴らしく、また彼女が現在と過去に同時に存在しうる力を持っていたために、私たちは軽いトランス状態に導かれ、なんと当時の儀式の様子を目の前にありありと見ることになったのです。長い年月のあいだに壁画はすっかりあせてしまい、見えなくなっていたのですが、その壁画が突然鮮やかに蘇《よみがえ》りました。長い法服を身につけた司祭たちの行列が目の前に出現し、ラッパや太鼓の音が聞こえてきました。

私たちのグループのうち、一人だけ取り残され、過去の様々なイメージを見ることのできない人物がいましたが、それはカイロに住むエジプト学者でした。考古学に対して純粋に知的なアプローチをしている女性の学者でした。彼女は、オム・セティを得体のしれない魔女のたぐいと見なしており、したがってオム・セティの喚起した過去の場面に入ることを拒んだのでした。せっかくオム・セティが、女性司祭としての偉大な意識の力を使って私たちに時間の壁を超えさせてくれたというのに、なんとももったいないことをしたものです。

オム・セティの強烈な個性のおかげで、私たちは抗しがたいジレンマにさらされました。彼女は現代という時代を拒絶して過去に逃避しているのだろうか？　それとも、彼女が現在アビドス寺院におり、訪問者を当時の時代に誘導してくれるということ自体、彼女がエジプト時代にいたということの論理的な帰結なのだろうか？　また、私たちの人生に生じる様々な出来事は、過去世の、快適で心地よかった状況を再び体験したいという心の現われなのだろうか？あるいは、過去世で私たちを苦しませた体験から逃れたいという心の現われなのだろうか？

私の考えでは、私たちは、過去世における生き方よりもさらに良い生き方を常に追求しているように思われます。経験から得た教訓を生かして、自分自身をより深く愛し、他者をより深く愛せるようになりたいと絶えず望んでいるのではないでしょうか。私たちが意識していようがいまいが、私たちのガーディアン・スピリットは、私たちが、より拡大した意識で、より明晰に、より多くの光の中で生きられるように、いつも導いてくれているのだと思います。

〈より良く生きる〉ということが、あらゆる状況を貫いている主要な動機なのでしょう。子どもたちは親よりも良い生き方をしようとし、また、今世においては過去世よりも良い生き方ができるようにと努力しているのです。あらゆる経験が完成に至る道であり、より拡大された愛に至る道なのです。最終的な目標は、自分の人生のあらゆる面を愛することができるようになることです。つまり、無限の愛、永遠の愛を獲得することが私たちの存在の目的なのです。天なる父と同じように神聖な存在になること、すなわち、あらゆる被造物を、無限の忍耐心、無限の寛容さをもって愛せるようになることなのです。

ある時、二〇歳になる若者が私を訪ねてきました。自分の人生をどう生きればよいのか分からなかったのです。ただ一つだけ確かなことがありました。それは、絶対に両親のようにはなりたくない、ということでした。でもそれ以外には、どんな職業に就き、どんな生き方をすればよいのかさっぱり分からなかったのです。彼は、根無し草になったような感じ、地球に属していないような感じを持っていました。どこに行っても心がやすらがず、誰とも親密な関係を結べないような気がしていました。絶望しきっており、自殺することばかり考えていました。

誘導瞑想によって意識の深みに降りて行くと、今回の転生に際して、彼の魂の本質部分は地上に降りることを望んでいなかったということが分かりました。この地球という学校ではとても花を咲かせることはできないだろう、と思っていたからです。しかし、彼の他の部分は、カルマの借金を返済し、前よりも良い生き方をしたい、と望んでいたことが分かりました。

さらにある過去世に行ってみると、徐々にアルコール中毒になり、やがて完全に気が狂ってしまう、という映像が展開されました。困難に満ちたその人生を見ているうちに、彼の顔に脂汗が流れ始め、苦痛のあまり時々唇が歪みました。私は、繰り返し、感情から距離をおき、映画でも見るように過去世を眺めるように、と促さなくてはなりませんでした。この人生が終了すると、彼の顔にはやすらぎが浮かびました。そして、私にこう言いました。

「光の世界に戻ってこの人生を振り返ってみると、何を学ばなければならなかったかがよく分かります。確かに苦痛に満ちた人生でしたが、でもそのおかげで、私は、アルコールに依存して生きることがどのように人格を破壊するかということを深く学んだのです。このような人生を送ったおかげで、私は、間違った思い込みの虜《とりこ》になり、悪習から抜けられずにいる人たちに援助の手を差し伸べることができるようになったのです」

別の転生では、この若者はギリシャで医者をしていました。ヒポクラテスの弟子になり、質の高いホリスティックな医療を実践していたのです。この映像を見たおかげで、この若者には将来の設計図が思い浮かんできました。人を癒すことに関する知識を呼び覚まして、アルコール依存や薬物依存で苦しむ人たちを助けてあげられる、ということが分かったのです。精神的なバランスを失ってしまった人々を癒して、健康な人生を送れるようにしてあげることができるのです。

数多くの過去世で得た経験を生かすことで、私たちは愛する能力を目覚めさせることができます。あなた自身が苦しんだことがなければ、どうして苦しむ人たちを助けたいと思えるでしょうか。そう考えると、あらゆる病気、あらゆる依存症が、将来セラピストになるための学びの開始であることに気づかされます。

かつてインドに旅行した時、私は、日常的に奇跡を引き起こすというきわめて評判の高い賢者を前にして、一群の人々とともに座っていました。このグループに、悲しそうなあきらめきった顔をした五〇歳くらいのアメリカ人の女性が混じっていたのですが、賢者が彼女の耳に唇を寄せて何かささやくと、彼女はしくしく泣き始めました。しかし、やがて彼女の唇には微笑が浮かび、その目には喜びの光が宿り始めました。しばらくして、彼女と二人きりになると、私はどうしても我慢できなくなって彼女に尋ねました。

「あの賢者はあなたに何と言ったのですか？」

彼女は答えました。

「私には、薬物中毒の二二歳になる息子がいます。そのことは誰にも話したことがないのですが、いつも罪悪感にかられ、胸が痛んでいました。自分が悪い母親だったために、それが原因で息子が薬物中毒になったのではないかと思っていたのです。賢者が私に近づいてきた時、私は何も息子のことをしゃべっていなかったのに、彼は完全に私のことを理解してくれていることが分かりました。彼が私に言ったことには本当にびっくりしてしまいました。彼はこう言ったのです。

『息子のことを心配するのはもうやめなさい。あと数カ月もすれば、彼はヘロイン中毒から脱け出し、そしてやがて優れたセラピストになるでしょう。他の人たちを助けるためには、まず自分がその苦しみを味わう必要があるのです』

この言葉を聞いただけで私の心配は吹き飛んでしまい、私の、神に対する反抗は終わりを告げたのです。自分の人生と息子の人生をもっと広い視野から見る必要があったのですね。今では、私たちが経験することは、すべて神の計画の一部なのだ、ということが分かります」

聖なる次元に意識を上げていくことによって、魂の目で現実を見ることができるようになれば、私たちは自分の人生と他の人々の人生をより広い視野から眺めることが可能となります。無意識の暗闇、すなわち無知の霧から脱出することができるのです。つまり、私たちが選び取ったあらゆる経験の美しさが理解できるようになるのです。

ジョアンヌと私がセミナーで使う技法のうち、最もパワフルなものの一つが〈内なる旅〉と呼ばれるものです。この旅を通して、参加者の一人ひとりは自分の魂と出会えるのです。自分の魂に出会って一体化し、その愛を感じると、その力強いエネルギーによって癒されます。ほとんどの参加者が魂との深い一体感を味わうのですが、それは本当に美しい体験です。自分自身の奥底に、いかなる不安もない、いかなる裁きもない、いかなる恐れもない霊的な次元を発見するという経験はまことに素晴らしいものです。ネガティブだからという理由で心の闇の中に投げ込んでしまった自分の一部も含めて、自分のあらゆる部分が愛されている、と感じる経験はまことに甘美なものです。本当に自分の〈魂〉というものが存在し、その魂によって自分が愛されている、という事実を知ることによって、私たちは深く癒されます。そうしたことを知ったあとで自分のまわりを再び眺めると、すべてが美しく光り輝いていることが分かります。

何度か過去世退行をした後で、あるクライアントが語ってくれたところによると、その人は地球に来る前にシリウスで転生していた、ということでした。この星での転生はまことに驚くべきものでした。子どもたちは、生まれてくる前に立てた、地上での人生計画を、生まれた後でも完全に覚えていると言うのです。そして、自分の魂に導かれながら、何の葛藤も衝突もなく、大人たちに支えられながら自分の人生を送るといいます。なにしろ社会そのものが、もう何世紀も前から完全に争いのない社会になっているというのです。

そんな話を聞くと、私たちはだいたい、ＳＦを読みすぎて想像力の歯止めが利かなくなった人が作り話をしているのではないか、と考えるものです。しかし落ち着いて考えてみると、この広い宇宙に、地球よりも進化した星が存在していたとしても何の不思議もない、というふうに思えてきます。いま六歳の子がいるとすれば、その子より年下の子も、その子より年上の子もいることは当然なのです。だとすれば、宇宙の中の地球も同じことではないでしょうか。地球がある年齢に達しているとすれば、地球より霊的に進んだ惑星や遅れた惑星が存在していてもなんの不思議もありません。

そのことに興味を感じたので、私は様々な探求をしてみました。そして、私のクライアントが変性意識状態で〈内なる旅〉をして得た情報を聞かせてもらったり、私自身〈内なる旅〉を行なって確かめたり、また様々な書物を読んだりすることによって、この宇宙には、地球よりも霊的に進化したシリウス、プレアデス、金星といった様々な星があることを知りました。中でも、チャネリングによって書かれた多くの書物から貴重な情報を得ることができました。

特にアメリカ合衆国ではその種の書物が数多く出版されており、地球以外の惑星に関する非常に正確な情報を得ることができます。

意識のレベルに関して地球よりもはるかに進化した惑星がある、ということが分かると、そうした星の住民からの支援を受けてみてもよいかもしれない、と思うようになります。もし、小学校の生徒たちが自分たちだけで満足して遊んでいるとすると、となりにある大学の先生たちは、決して彼らを邪魔しようとはしないものです。それと同じことであって、平和と調和のうちに生きるようになっている他の惑星の住人たちは、地球の問題にあえて介入しようとはしないはずです。そこには、〈自由意志の法則〉があるからです。

でも、もし私たちが彼らに頼めば、彼らは私たちを助けてくれる可能性があります。そして、実は、彼らはすでにそれを行なっています。目に見えない世界にポジティブなイメージや新しい考え方を創り出して保存しておき、直感によってそれを受け取る準備のできた地球人たちに送ってくれているのです。政治、宗教、経済などの分野において権力を握っている人たちは、地球と地球外の惑星とのあいだで交わされたそうした情報をことごとく笑いものにしようとします。人々に脅威を与え恐怖によって支配しようとしている権力者たちは、人々が無知や依存状態から脱して自立することを望まないからです。

今日では、経済的な権力を持つ人たちが、政治的または宗教的な権力を持つ人たちに取って代わっています。商品が売れることを促すような情報のみが流され、商品の売れ行きを阻害するような情報は厳しく規制されているのです。ですから、人間の神聖な本質に触れているスピリチュアルな情報は、商業帝国にとってはまことに危険なものと映るのです。というのも、もし人々が、本当は自分がどんな存在であるかを知り、自分の不死性に気づいたとすれば、死の恐怖から来るストレスが消えてしまい、様々な人工物質に頼らなくなるからなのです。現代社会では、アルコール、精糖、薬、ドラッグといったあらゆる製品が、ストレスの中で死の恐怖に震えながら生きている人々によって大量に消費されているのです。

アメリカという国は、多くの領域でヨーロッパよりも一〇年ほど進んでいるのですが、このアメリカにおいて今、革命が静かに進行しています。この革命を〈意識革命〉と呼ぶことができるでしょう。というのも、人々は今や唯物主義という目隠しをはずし、物質世界を超えた世界の探求を始めたからです。多くの病院で、痛みに苦しむ患者のために、道化や、笑いを誘うビデオやマンガを使うようになっているのです。鎮静剤というのは、使用すれば必ず副作用を伴います。そこで、なるべく鎮静剤を使わないで、患者たちの緊張を解き、笑わせることによって、エンドルフィンの分泌を促そうとするのです。私が道化のキヌーと一緒に書いた『笑いは最高の薬』という本で、私たちは、笑いという手段によって医療にあけられた素敵な風穴について語っています。

バイオフィードバックや変性意識状態に関する研究の成果を活用することにより、過去世退行が非常に簡単に行なえるようになりました。過去世退行セラピーは大きな成果を収めており、それをテーマとして書かれた何冊もの本が百万部を超えるベストセラーになっています。それらの本はすべて素晴らしく覚醒した意識のもとに書かれており、そのおかげで、ますます多くの人々が悲惨な生き方から脱出し、次の根本的な問いかけを自分に対して行なうようになっているのです。「私とはいったい誰なのか？　私は何をするために地上にやって来たのか？　私の人生の目的とは何なのか？」

人生でいろいろなことを経験しているうちに、私は、地球というのは学校のようなものだ、と思うようになりました。そこには、一つひとつ違う様々な国から、一人ひとり違う様々な生徒が学びにやって来ているのです。だからこそ、ほとんどの人が地球で生活することに違和感を覚え、夜空にきらめく星を眺めてはため息をつくのです。誰でも心の奥底では、自分がどこか遠くから来たのだということを知っているからです。霊的な家族から引き離され、島流しになっていることを苦痛に思っているのです。過食、アルコール中毒、タバコの吸いすぎ、薬物の摂《と》りすぎ、非合法ドラッグの使用など、一見自殺行為とも思われるような行為は、すべてこの流浪の苦しみを和らげようとしてのことなのです。

だからこそ、〈内なる旅〉を行なってみずからの霊的な故郷、すなわち宇宙の懐《ふところ》に戻ることが途方もない癒しの効果を持っているのです。〈内なる旅〉によって大いなるやすらぎを得、その結果、自分自身を破滅させる依存症から立ち直ることが可能となるのです。地上にいるということは、我が家にいることではなく学校にいることなのだ、ということが分かれば、考え方を大幅に変えることができます。我が家にいられないことに由来する淋しさにフォーカスするのではなく、この星の上に学びに来ているのだという点にフォーカスすることが可能となるのです。そして、必要になった時はいつでも〈内なる旅〉を通して、自分がそこからやって来た、愛と優しさと暖かさにあふれる故郷に帰り、上がってしまったバッテリーに再びエネルギーを充填することができるのです。

第五章

# 〈天使〉からのメッセージ

世界じゅうのあらゆる国々で、古くから、人間が危機的な状況に陥った時に助けてくれるという不思議な〈守護者〉の存在が信じられています。この超自然的な友人は、地域によって呼び名が違います。しかし、中身はぜんぶ同じだと言ってよいでしょう。

例えば、西洋のユダヤ・キリスト教文明においては、この素晴らしい存在は一般的に守護天使（ガーディアン・エンジェル）と呼ばれています。よく古い版画などに、目も眩《くら》むような断崖の縁《ふち》に子どもたちがおり、その背後で守護天使が手を使って危険を取り除こうとしているところが描かれています。

ほとんどの場合、守護天使は白い大きな羽を生やしており、金や銀を散らした衣服をまとっています。表情は優しく愛にあふれており、ほとんどの場合、頭のまわりにオーラが輝いています。

過去何世紀にもわたって、こうした版画や絵が子どものベッドの上方の壁にかけてあるのが普通でした。子どもが安心してやすらかに眠れるように、との親心からです。

しかし、二〇世紀の初頭あたりに、新たな宗教とも言える科学的合理主義が台頭してきて、守護天使など単なる迷信にすぎないと決めつけました。〈電気仕掛けの妖精〉や〈テレビという女神〉が、〈幼稚な版画〉を駆逐してしまったのです。

現代の唯物主義者たちは、守護天使などいない、と公言してはばかりません。なぜかといえば、そんなものは〈見たことがない〉からです。いったい誰が目に見えないものなど信じるでしょうか？

確かに、ほとんどの大人の目には守護天使は見えません。ところが子どもたちは、まだ心の目を閉ざしていないので、しばしば光り輝く天使たちを見るのです。

守護天使は霊的な存在なので、私たちの肉体の目では見えません。心の目で見なければならないのです。

守護天使の仕事は、私たち人間をあらゆる危険、あらゆる病気から守ることです。そして、光の世界から私たちを支援してくれているガイド・スピリットたちと緊密な協力体制を組んでいます。こうして私たちは、より拡大された意識を獲得すべく進化してゆくことが可能となるわけです。

でも、もし守護天使がしっかり守ってくれているのなら、どうして事故に遭ったり病気になったりするのだろう、と思いませんか？　問題はまさにそこなのです。

もし私たちの人生に問題が起こるとしたら、守護天使がなまけているということになるのでしょうか？　あるいは、私たちをしばらくのあいだ見捨てるのでしょうか？

ガイド・スピリットたちに聞いたところでは、それは当人の意識の進化のためにそうした事故や病気が必要だったからだ、ということになります。

ところで、守護天使は私たちの人生にどんなふうに介入してくるのでしょうか？　ここでは私自身の例をあげてみましょう。

私は一時期、ハンググライダーに夢中になっていたことがあります。ある日、飛んでいる最中にグライダーの羽が破れ、地面に向かって落ちていきました！　どんどん落下速度が上がってゆきます。

私の一部がこのまま死ぬんだなと思っている一方で、なぜか別の一部はひどく落ち着いているのでした。あと数メートルで地面に激突、という時、何か見えない大きな手のようなものが私を受け止めたように思われました。そして、私はそっと地面に置かれたのです。かすり傷ひとつ負いませんでした。

武者震いが起こって、つま先から頭のてっぺんまでぶるぶる震えたのを覚えています。この時、凄《すさ》まじいばかりの力を持った守護天使の存在を感じました。

ところが数カ月後、ハンググライダーに乗って着陸しようとして、今度は足を折ってしまいました。この日はどうして守られなかったのでしょうか？　じっくり考えた末に、私はこの骨折が私にとって必要だったのだ、と思い当たりました。

当時私は働きすぎていました。足にギプスを付けられることによって、私の速すぎるリズムがゆったりしたものとなったのです。こうして私は仕事中毒から解放されました。

これ以外にも、私は、何十カ国もの国の、何百人もの人たちから、守護天使が介入してきた時の話を聞きました。

いわゆる〈先進国〉と言われる国々では、この種の話は理性に反するという理由で避けられがちです。しかし、そのことに興味を持ちさえすれば、多くの人が守護天使に守られたという経験をしていることが分かってきます。

例えば、友人に次のように聞いてごらんなさい。「守護天使によって事故から守られたという話や、霊的な力によって助けられたという話を聞いたことがあるのだけど、あなたは、何かそういう経験をしたことがありますか？」

そうすると、たぶん自分自身の体験や人から聞いた体験を話してくれるでしょう。

もちろん、政治や経済、また野球やサッカーのことしか考えない人たちにとっては、この種の話は馬鹿ばかしいかぎりでしょう。病んだ想像力が生み出した、聞くに耐えない馬鹿話だと思っているのです。ある種の唯物主義的な精神科医たちによれば、守護天使とは病理学的な幻覚にすぎない、ということになります。

あなたには子どもはいますか？　もしいるとしたら、子どもたちが外出する際に、あれこれ心配する代わりに、彼らを守っている守護天使の存在を感じ取り、その守護天使に語りかけてみましょう。そのためには、心の中に入って行くことです。心の中に入ればそこは魔法の国。そこでは、子どもたちの守護天使のことを思い浮かべるのはとても簡単です。

子どもの意識の進化のために役立たないことは何も起こらない、ということが分かって、あなたはきっと深いやすらぎを感じることでしょう。もしかすると、子どもの守護天使が現われて、あなたが、苦しみながらではなく、喜びを感じながら子どものために何をしてあげられるかを教えてくれるかもしれません。

ガーディアン・スピリットやガイド・スピリットたちのメッセージを受け止められる人にとって、事故や病気は不要になります。〈内なる声〉を拒否する人たちだけが、不愉快なことを体験し、さらにひどくなると病気や事故に遭うのです。

そのことを理解するのに、車を運転している人の例を考えてみましょう。今、彼は道に沿って運転しています。まっすぐな道が何キロも続きました。その先には右に曲がるカーブがあります。

しかし、ずっとまっすぐ走ってきたために、その惰性からまっすぐに進んで畑に突っ込み、そのまま走り続けます。畑の中ですから、運転するのはものすごく大変です。

もし運転している人が、道から逸れたことを認めずにそのまま走り続ければ、やがては窪みに落ちるか、畑の境界の木に衝突するはめになるでしょう。

あなたがもし、イライラしたり、怒ったり、疲れたり、落ち込んだり、あるいは身体のどこかに変調を感じたとしたら、そのまま〈畑の中を走る〉ことはやめるべきです。あなたは〈幸福に至る道〉から逸れているのです。

あなたはそれまでの習慣に引きずられて、内なる直観の声を無視しているのです。事故や病気に遭うまで強情を張るべきではありません。あなたの心の奥にいるガーディアン・スピリットやガイド・スピリットたちに助けを請うべきなのです。

そのまま突き進むのをやめて、いつ道から逸れたのかを考えるのです。そして、もとの道に戻りましょう。

もし、隣の人と口論した時が道を逸れた時だと分かった場合、もうそれは起こってしまったのだから遅すぎると考えるのはやめてください。あなたの記憶の中にあるその〈映画〉のフィルムを巻き戻すのです。

そして、こうだったらよかったな、という形にその内容を変えるのです。たとえば、口論する代わりに、お互いに愛とユーモアをもって理解し合う場面に書き換えるのです。

それから、相手のガーディアン・スピリットとガイド・スピリットたちに向かって、あなたが今したことを話し、どうかそれを相手が眠っているあいだに相手に伝えてほしい、と頼むのです。きっと、その結果に驚くことでしょう。

さて、この章を終えるにあたって、イルカたちのことを話さずにはいられません。

イルカというのは、しばしば、人間に対してガーディアン・スピリットのような役割を果たすものです。例えば、海難事故で海に放り出された人を、イルカが囲んでサメの攻撃から守り、そのまま岸まで運んでいった、という話を聞いたことがあります。

また、心の中でイルカたちのことを思い浮かべるだけで、ストレスや心配から解放されて心がすっとやすらぎます。

イルカたちは常にその脳を、地球全体のことを考えるために使っていますが、これができる人間は、残念ながらまだほとんどいません。

大多数の人間は、ある時は左脳を使い、ある時は右脳を使う、というふうに左脳と右脳を別々に使っています。ところが、イルカは、偉大な賢者たちと同様、常に左脳と右脳を調和させて同時に使うことができるのです。

あなたの寝室に、ガーディアン・スピリットやイルカの写真を飾っておけば、あなたを守護する力とつながることができ、安心して深い眠りに入っていけるでしょう。その結果、朝になると若々しい活力に満ちて目覚めることができます。

そうした存在たちとコンタクトを取ることによって、あなたは、未来が、様々な悲惨な事件や、公害や、大災害に満ちたものではなくなり、拡大された意識の持ち主たちによって明るいものに変えられてゆくということを確信できるでしょう。そうした人々は、病気ではなくて健康を、欠乏ではなくて豊かさを、苦悩ではなくて創造性を選ぶことができるからです。

不安から全面的に解放されているスピリットたちは、常に、私たちが内なる導き、つまり心の奥から聞こえてくる〈小さな声〉を聞くことができると教えてくれます。その〈声〉に素直に従えば、私たちの人生は進化・発展する以外にないのです。私は、内なる声に捧げるために、次のような詩を書きました。

生き、そして愛するために、
私はいかなる理由も必要としない。

いかなる説明も、
いかなる理論的根拠も、
いかなる修辞も、
必要としない。
私は、
いかなる神父も、
いかなる教授も、
いかなる専門家も、
いかなる博士も必要としない。
彼らがいなくても、
私は、
どちらへ向かえばよいか、
どの道を選べばよいか、
分かるからだ。
私の内側に、

素晴らしい友人、有能なガイドがいる。
それは、私の心である。
私の心は、
星たちと同じリズムを刻み、
生命の歌を歌う。
白いユリの花のように開き、
その妙《たえ》なる香りで私を導く。
かすかなる香りをたどって、
私は、
混沌とした道を通り、
森を抜け、砂丘を越え、
あらゆる悪夢を通過して、
ついに喜びにたどり着く。
人生で遭遇する
あらゆる経験の中で、

喜びがダンスを踊っていることに気づく。

両親と社会に強制され、私たちは社会に適応して〈有用な大人〉になるように育てられました。しかし、ほとんどの場合、この〈有用な大人〉は、〈内なる導きの声〉を聞くことができないために、喜びを欠いており、人生に満足しておらず、不幸で、そしてしばしば体調を崩しています。

しかし、自分がいかなる〈教育〉を受けてきたかをはっきり自覚できた時点で、私たちは魂の高貴な力を借りて自分を〈再教育〉し、〈再創造〉し、〈生まれ変わる〉ことができます。

次に掲げる詩はある作家によって書かれたものですが、環境が子どもに対して与える影響をまことに雄弁に物語っています。

批判的な親に育てられた子どもは、
相手を責めることを学ぶ。
敵意に満ちた親に育てられた子どもは、
闘争をしかけることを学ぶ。

馬鹿にされながら育った子どもは、
自信をなくす。
恥辱を与えられ続けた子どもは、
罪悪感を持つようになる。
寛容な親に育てられた子どもは、
忍耐を身につける。
励まされて育った子どもは、
自分を信ずることができるようになる。
正しい方向を示されて育った子どもは、
自分に価値を感じることができる。
誠実な親に育てられた子どもは、
正義をしっかりと学ぶ。
安心の中で育った子どもは、
何でも信じることができる。
承認されて育った子どもは、

愛することを知っている。
受容と愛の中で育った子どもは、
世界が愛に満たされていることを感じている。

# 第六章
# スピリチュアルな友人たち

批判、敵意、恥辱の中で私たちは育てられました。しかし、私たちは自分の意志によって自由にそれらを、寛容、励まし、安全、肯定、受容、自分自身に対する愛などに置き換えることができます。

こうした自己変容のためのワークをするにあたって、すでに触れたガーディアン・スピリットの他に、私たちに協力してくれる目に見えない素晴らしい友人たちがいます。それは、私たちのガイド・スピリットたちです。

彼らは、私たちを見守り、私たちを称賛し、私たちを無条件で愛してくれています。彼らは、地上に生まれるたびに私たちが霊的に成長してゆくのを観察しており、地上における私たちの生活の隅々まで知っています。

私たちの自由意志を尊重しているので、彼らはとても控え目にしており、私たちが意識的に彼らの存在に対して心を開いた時でないと姿を現わしません。スピリチュアル・サイコセラピーの役割の一つは、この出会いを容易にすることです。彼らとの出会いは素晴らしい喜びに満ちており、物質的な方法ではとうてい得られない非常に豊かな果実をもたらします。

いったん意識的にガイド・スピリットたちとコンタクトできるようになると、彼らから有益な情報をふんだんにもらい、やすらぎとすこやかさに満たされた人生を送ることができるようになります。実際、彼らと話ができるようになると、それまでどうして彼らなしに生きてこられたのか、不思議で不思議で仕方なくなるものです。

彼らとのコンタクトは、言ってみれば天上界につながる〈携帯電話〉を手に入れるようなものです。近い将来、すべての人が、天上界につながる携帯電話を手に入れて、好きな時にガイド・スピリットたちから情報を得ることができるようになるだろうと私は考えています。

両親は、いずれ自分の子どもが独立できるように、責任を持って意識的に育てます。同様にガイド・スピリットたちも、私たちが、あらゆる肉体的、感情的、精神的依存から自由になり、魂の光を見出して、神聖な愛の透明な輝きの中で完全な意識のもとに新しく生き始めることを願っています。

一般的に言って、私たちが最も深刻な不安、最もつらい試練の中に生きている時こそ、私たちはガイド・スピリットたちに最も近いところにいるのです。勇気を持ってさらに一歩踏み出しさえすれば、ただちに私たちは光の世界に入り、ガイド・スピリットたちから暖かく迎えてもらえます。

古代には様々なイニシエーションの儀式がありました。例えば、ギリシャにはエレウシスの秘儀があり、エジプトではピラミッドの中で、中国では聖別された洞窟の中で、アトランティスでは水晶の寺院の中で、それぞれ数日間過ごすという儀式がありました。これらの秘儀や儀式を通して志願者たちは体外離脱を行ない、ガイド・スピリットたちや自分の〈光の身体〉と出会ったのです。

私はある時、霊的なもの、秘教的なものをすべて拒絶する六五歳の男性に会ったことがあります。彼は、理性的で唯物的な無神論にしがみついて、なんとか安心を得ようとしていました。そろそろ引退の時期が近づいた頃、彼はエジプトに旅行したのですが、その時、大ピラミッドを見てすごく気分が悪くなりました。これは何か理性を超えたことが起こっているに違いないと考えて、彼は私に助けを求めてきたのです。〈内なる旅〉を行なってみると、ラムセス二世がファラオの頃に生きていたことが分かりました。司祭になるための学校に通っていたのですが、ある日、修行中にギザのピラミッドの王の部屋で悲惨な体験をしたのです。

体外離脱の訓練をするということで石棺に横たわると、いきなり蓋《ふた》の閉まる音がしました。あまりにも突然のことに、彼は急激なパニックに陥って恐怖の餌食となり、体外離脱をするどころではなくなりました。しばらくして先生役の司祭たちが石棺の蓋を開けた時、この若者は恐怖のためにすでに死んでいました。

彼は、過去世におけるこの恐るべき体験から、重度の閉所恐怖症を持ち越しており、また、宗教的なものや神聖なものに対する深刻な恐怖も持ち越していたのです。彼はその後様々な国に転生しましたが、彼の中の一部分は、いつまでも恐怖とともに古代のエジプトの石棺の中に取り残されたままだったのです。

そこで、私は、〈内なる旅〉を使って、彼を古代エジプト霊界の低い階層に送り込み、そこから恐怖にかられた若者を救い出させたのです。そして、その若者を彼の心の中に統合させました。

この作業がすむと、閉所恐怖症と霊的なものに対する嫌悪感はきれいに消えてしまいました。そして退職後は、叡智に対して開かれた豊かな時間を過ごし、その時間の大部分を薬物中毒にかかった若者たちを支援して自立させる仕事に注ぎ込んだのでした。

# おわりに

## 幸せを呼ぶエクササイズ

『白い泉』の著者パトリス・ヴァン・エーセルは、ある日、『天使との対話』の著者であるジタ・マラッツに、転生輪廻についてどう思うかという質問をしました。すると、ジタはこう答えました。

「転生輪廻というのは、ものの見方の問題だと思います。時間の外から見れば、私たちは明らかに一つしか人生を持っていません」

そしてさらに付け加えてこう言いました。

「天使はだいたい次のようなことを言っています。『生まれた瞬間に、スクリーンが現われてあなた方の視界をさえぎります』と。これは時間というスクリーンなのです。このスクリーンを超えた視点が得られれば、あなた方は、人生が分割不能であるということが分かるでしょう。近視眼的に見るから、ある人生があり、そしてそれ以外にもいくつも人生がある、というふうに思われるのです。しかし、それは幻想に他なりません」

もしそうであるとすれば、私たちが潜在意識の奥深くに降りて行って見つけ出す感情やイメージが、本当に過去世での経験であるかどうかは問題にならないことになります。それらは、ユングの言う集合的無意識の中のアーキタイプかもしれないし、本や映画の中で得たイメージから私たちが作り出した単なる幻影かもしれないのです。

私たちの左脳は、煩瑣《はんさ》な分類体系を作るのが大好きです。しかし、それらはほとんどの場合、複雑すぎて何の役にも立ちません。

大切なのは、今という瞬間を、何ものにも囚われず、幸福に、自由に、創造的に生きるということです。そうすれば、生命が私たちの内部を、喜びにあふれて滔々《とうとう》と流れ始めるでしょう。私たちの左脳は、精妙なレベルのことを理解するのが不得意です。いつも直観に遅れをとるのです。

直観に従って〈内なる旅〉を楽しみましょう。〈内なる旅〉を通して、私たちは潜在意識の宝庫を開くことができます。そして、その個人的な経験から、自分が進むべき確かな道を発見することが可能となるのです。

例えば、「私は、過去世なんて絶対信じませんよ」と言う人がいるかもしれません。そういう人にはこんなふうに尋ねるだけで充分です。

「過去世退行セラピーを受けたことがありますか？」

すると、十中八九こういう答えが帰ってくるはずです。

「ありませんよ。どうしてそんなものを受ける必要があるのですか？」

そうしたら、微笑みながらこう答えましょう。

「塩など存在しないと言う前に、あなたの舌の上に塩を一粒置いてみるのも悪くないと思いますよ」

この指摘は単にスピリチュアル・サイコセラピーに関してだけではなく、腸を浄化する断食療法、尿療法、ホメオパシー、アロマテラピー、さらにそれ以外の様々なホリスティックな健康法に関しても有効だろうと思います。それらに反対する人たちは、実際に体験してみたことがない場合がほとんどだからです。

彼らは単に、科学者、両親、先生たち、新聞雑誌の言うことをそのまま鵜呑みにしているだけなのです。彼らは、無知（*ignorance*）と不寛容（*intolérance*）が見事に韻を踏んでいることを示す格好の材料です。

私がこの本を書いたのは彼らのためではありません。私がこの本を書いたのは、人々の反対を押し切ってアメリカ大陸を探しに行ったコロンブスのように、二一世紀を開くための大冒険に出かける覚悟のできている人たちのためです。その大冒険を通して、表面意識というジャングルに覆い隠されていた〈本当の自分〉（＝金色に輝く宝物）を発見し、ぜひとも自分自身に対する、全面的な信頼を取り戻していただきたいのです。

さて、この本を終えるにあたって、次のエクササイズを実行してみてください。

「両腕を使って身体の前に輪を作ってみましょう。これは〈現在〉という大きなコップです。両腕を下げながら、このコップを徐々に傾けてゆき、そこにたまっている過去のトラウマをすべてこぼします。それらは、あなたを悲しくし、病気にし、依存させ、苦しませてきたものです。コップにたまった濁った水をこぼすように、それらをすべてこぼしてコップを空っぽにしましょう。

不安、悩み、自己嫌悪、批判、競争、闘争、破壊的な心、裁き、憎しみ、怒り、フラストレーション、権力争い、孤立、分離感、不平不満、恨みといったあらゆるネガティブなものをコップからこぼしましょう。

今度は、徐々に腕を上げてコップをもとに戻します。腕が上がるのを追って、あなたの視線も徐々に上げてゆきます。腕が地面と平行になったらそこで止めて、視線だけずっとそのまま上の方に上げてゆきます。そして、視線を空の中心まで上げてゆきます。

唇に微笑を浮かべましょう。深く呼吸をし、心の中であなたのハイアー・セルフとコンタクトします。ハイアー・セルフは光の身体を持っています。

ゆったりと呼吸しながら、霊的なエネルギーがあなたの両腕に向かって流れてくるのを感じてください。それはまた、未来のあなた、あなた自身の魂からやってくるエネルギーでもあります。

そのエネルギーが両腕で作ったコップを満たし、さらに両腕を通ってあなたの身体の中に流れ込みます。そして、つま先から地面に流れ込み、大地を豊かに潤《うるお》します。

さあ、これであなたの意識はもう過去に囚われていません。重い過去に満たされた潜在意識はつま先から地面に流れ出てしまいました。あなたは、神聖さ、すなわち至高の力を取り戻したのです。あなたの人生は、もう過去の古い記憶に支配されていません。

今という瞬間の中で、〈物質体〉、〈感情体〉、〈精神体〉、〈霊体〉を統合して、鮮明な夢を自由に思い描きましょう。

分離という幻想が消え失せました。あなたは今やすべての存在とつながっています。すべてと一体になっているのです。あなたは今、死そして時間の制限から自由になり、きらきらと輝く大きなダイヤモンドになっています。

あなたは、不死であり、永遠であり、愛する能力、想像する能力、創造する能力において無限です。あなたの輝きは、闇を貫き通す灯台の光のように広がってゆき、鉱物界、植物界、動物界、人間界にいる友人たち、さらに人間界を超えた世界にいるすべての友人たちをあなたのもとに引き寄せます。

彼らは、あなたの光のエネルギーを吸い込んで、みんなでダンスを踊り始めます。そして、生命をより鮮明に意識し、限りない高揚の中で、絶えず広がり続ける宇宙を賛美するのです。彼らの陽気さがあなたにも伝わり、あなたは幸福のあまり、身体じゅうが震え出しそうになります」

# 付録

## あるセラピーの記録

スピリチュアル・サイコセラピーに関するこの本を終えるにあたって、典型的と思われるあるセッションの記録をここにご紹介しましょう。これは、長年にわたり人間関係において失敗を繰り返してきた三五歳の女性クライアントの例です。

――それでは長椅子に横たわってください。ベルトやブラジャーなど身体を締め付けるものをゆるめてください。ゆったりと伸びをしてみましょう。

あくびをしてください。

ため息をついてみましょう。

うなってみてください。

頭を左右に振ってみてください。

しかめっつらをしてみましょう。

まぶたをゆるめます。

顔全体をゆるめます。

舌と声帯もゆるめてください。

声を出しながら、喉をゆるめてください。

マリオネットのような動作で、左手で右手に触ります。次に、右手で左手に触ります。これを繰り返してください。徐々に速くしてゆきます。こうすることで、左脳と右脳が同調します。

さあ今度は深い呼吸をしてみましょう。

身体の中にたまっているすべての緊張を、長椅子を通して地面に吐き出します。

次に、息を深く吸いましょう。心地よさ、やすらぎが身体に流れ込んで、身体全体がリラックスしてきます。

息を吐く時に、その心地よさが身体じゅうにめぐってゆくのを感じてください。

息を吸ってやすらぎを身体に入れ、息を吐いてやすらぎを身体じゅうにめぐらせます。

はい、それを何度か繰り返してみましょう。

今度は自由に呼吸して結構です。努力しなくても、自然に息が出たり入ったりしています。

呼吸をすることがとても心地よく感じられます。身体がさらにリラックスしてきました。身体じゅうがリラックスして気持ちよくなり、どの筋肉もゆったりとゆるんでいます。

黄金の光が滝のように注いできて頭にしみこみます。そして、この光が頭の皮膚をゆるめ、目をゆるめ、口をゆるめ、舌をゆるめ、喉をゆるめます。この黄金の光が、さらに首に流れ込み、次に、うなじに流れていき、肩、腕、手、指先、と流れ込んでいきます。

この黄金の光が、心地よさとゆるみを運んで、身体じゅうを徐々に満たしていきます。胸、おなか、背中、お尻、性器、太もも、ふくらはぎ、つま先と気持ちよくゆるんでいきます。

黄金の光が身体じゅうをめぐっていくにつれ、気持ちよさが身体じゅうに広がり、身体全体がゆったりとくつろいできました。身体を地球に委《ゆだ》ねてみましょう。地球は私たちのお母さんだからです。地球は樹液をめぐらせることによって植物を養いますが、それと同じようにエネルギーで私たちの身体を養い、面倒を見、再び元気にしてくれるのです。

身体がくつろいでいるあいだに、心を旅行させてみましょう。身体から離れ、遠くに出かけて行きます。夢を見ているような、想像力を働かせるような、そんな感じで結構です。

努力をする必要はありません。イメージや思いが浮かんできたら、それをそのまま眺めたり、感じたりしましょう。ゆったりと遊んでいるようなつもりで結構ですよ。子どもになって、のびのびと遊んでいるような感じです。

ピンク色のきれいな雲があなたの方に近づいてきます。この雲はやわらかくてとても気持ちがよいですね。それでは、この雲に乗って旅に出かけましょう。あなたがその上に乗ると、すぐに雲は飛び始め、町を越え、村を越え、川を越え、湖を越え、草原を越え、山を越えて飛んで行きます。

目の下に広がる景色を楽しんで眺めてください。やがて雲が地上に向かって下がり始めます。海岸が近づいてきて、さあ、雲が海岸にゆっくりと着陸しました。雲から降りましょう。

暖かい砂が足の下で、きゅっ、きゅっとかわいらしい音を立てます。とても気持ちいいですね。砂浜を歩いていると、やさしいそよかぜが吹いてきます。暖かい太陽の光が肌に気持ちよくあたります。波の音、カモメの鳴き声が聞こえてきます。すばらしい気分です。

砂浜に寄せる静かな波に足をひたしてみましょう。くるぶしのあたりまで冷たい海水にひたります。

気がつくとすぐそばに船が浮かんでいます。さあ、それではその船に乗ってみましょう。船に乗ると、その船はすぐ沖に向かって走り始めます。海岸から離れ、水平線に向かって走るうちに、あなたは深いところで安心を感じます。船はどこに行けばいいかを知っていますので、あなたは安心して乗っていられます。

しばらくすると、まわりは、あなたを取り囲んでいる丸い水平線だけになります。海岸はすっかり姿を消しており、船は相変わらず前進を続けています。イルカたちがニコニコしながら近づいてきてあなたに挨拶します。船のまわりを泳いで、時々元気にジャンプします。イルカたちの歌う歌を聞いていると、心の底からうれしくなります。生きているのはなんと楽しいことでしょう。イルカたちの幸福感がじかに伝わってくるので、がまんできなくなり、あなたもついに海に飛び込んでイルカたちと一緒に泳いだりジャンプしたりして遊びます。

しばらくしてからあなたが再び船に戻ると、船は島に向かって進みます。この島には植物がとても豊かに茂っているのが見えます。

島の海岸に到着しました。あなたは船から降りて、島を散歩します。しばらく歩いてゆくと、家を建てるのに適したとても安全な場所があるのに気づきます。そう、そこに家を建てましょう。そこに、好きな材料を使って、好きな形の家を建ててください。あなたがずっと住みたいと思っていた家を建てます。

家に入ると寝室がありますので、そこに入り、ベッドに横になります。あなたはすぐに眠りにつきます。身体が深くくつろいでいくにつれて、胸の上に光がさしてくるのが見えます。この光の中を通って、上へ、上へと昇って行きましょう。どんどんスピードが上がり、あなたは思考と同じくらいの速さで上昇してゆきます。どんどん自由になり、ますます軽くなります。

しばらくすると、素晴らしい魔法の場所、心の庭に到着します。まわりの木々がみずみずしく光り輝いています。色彩がとても鮮やかで、美しい光景にうっとりとします。

心の庭にいて、あなたは完全な自由を感じています。どんな遊びをしても結構です。野ウサギと一緒に走りまわったり、鹿と一緒に跳ねまわったり、リスと一緒に木に登ったり、鳥と一緒に飛びまわったり、魚と一緒に泳いだりしましょう。何をしてもいいのです。すべてが許されています。

したいことを全部してみましょう。幼子《おさなご》に戻ったつもりで心ゆくまで遊びましょう。

（ここでしばらく間を置く）

では、森の中の小道を通って、小川のそばまで歩いていきましょう。小川の水は冷たくて、水晶のように透き通っています。水を掌にすくって飲んでみましょう。水が身体じゅうにしみわたって、すべての細胞が生き生きとしてきます。

さあ、今度は服を全部脱いで、その小川に入ってみましょう。全身をひたし、水の冷たさを感じてみます。あなたは水と完全に一つになっています。あなたの中も、あなたのまわりも、すべてが流れています。あなたは川そのものになりました。

さて、そろそろ川から上がりましょう。お日さまにあたり、身体を乾かします。

そばの木の枝に白い衣装がかかっています。絹でできた、とても軽い、透き通った衣装です。その衣装を身につけてみましょう。

新しい衣服に身を包み、心の庭の真ん中に行きます。そして、あなたのガーディアン・スピリット、ガイド・スピリットたち、光の世界の仲間たちが近づいてくるのを感じてみましょう。
彼らは、みんなで優しくあなたの人生を支えてくれています。ずっとそうしてくれていましたし、これからもずっとそうしてくれます。彼らは全面的に信頼できる存在です。心配、不安、苦しみを彼らに預け、彼らから、愛と、智慧と、癒しの力を受け取りましょう。

自分に対して、すべての善きものを豊かに受け取ることを許可しましょう。純真な子どものように、素直に、心から信頼して、あらゆる善きものを受け取りましょう。

彼らから無条件の愛のエネルギーを受け取ったら、今度はあなたの心から光を発して、あなたのまわりの、助けを必要としている人に送ってみましょう。一人でも、何人でもかまいません。愛をどんどん送りましょう。そうすると、与えれば与えるほど逆に与えられる、ということが分かります。

喜びに満ちた愛がどんどんあなたに向かって流れてきてあなたの中に流れ込み、今度はあなたから、愛を必要としている人たちに向かって流れていきます。

さて、それでは、そろそろ心の庭から出ますが、これからは、いつでも好きな時にこの庭に戻ってきて結構です。

それでは、先ほどの光の中をさらに上へと昇って行きます。昇るにつれて、どんどんどん軽くなり、さらにさらに自由になります。もっと高く高く昇って行くと、ついに光の源に行き着きます。光の中に入ると、あなたはその光になってしまいます。あなたも、あなたのまわりも、すべてが光です。この光が発散しているやすらぎと力強さを感じてみましょう。

（ここで少し間を置く）

さあ、あなたは〈光の剣〉を受け取る準備ができました。この剣を持っていれば、どこでも好きなところに光を持っていけます。どんな状況でも変えられます。どんな障害物でも切り裂いて突破できます。それでは、剣を受け取ってください。

剣を手に持ったまま、再び地上に戻りましょう。空間のはるか彼方に小さなピンポン玉のような地球が見えます。それが徐々に大きくなって近づいています。スイカくらいの大きさになりました。さらに大きくなります……。

地球のまわりを回る人工衛星の軌道に入りました。しばらくそのまま地球を眺めていましょう。地球の方に剣の先を向けて、剣の先からレーザー光線のように、光の束をほとばしらせましょう。地球が輝き始めます。地球が、喜びとやすらぎに満たされたのが分かります。さらに地球に近づいて行きましょう。

先ほど作った家が見えてきます。屋根を通り抜けて家の寝室に入ると、ベッドの上に横になっている自分の身体が見えます。天井のところで止まり、〈光の剣〉からビーム光線を出して、あなたの身体に当てましょう。あなたが地上で生きるために頑張ってくれている身体です。身体が光で輝き始めます。身体が、健康、やすらぎ、活力に満たされるのが分かります。あなたは、地上であなたのために役立ってくれているこの身体に対し、心からの感謝を感じます。

さあ、それでは、身体の中に戻りましょう。とっても心地よく、深い安心感があります。

これから時間のトンネルを通り、時間をさかのぼって行きます。手には〈光の剣〉が握られていますね。

どんどん時間をさかのぼってゆくと、あなたにとって最も必要な場面、あなたが見て、理解して、癒すことのできる場面に行き着きます。

大丈夫です。ハイアー・セルフを信頼して、その導きに従いましょう。その場面が見えてきたら、私にその様子を教えてください。

「思春期の頃の私が見えます。私は自分の身体が好きではありません。とても不幸です」

——その女の子の目をのぞき込んで、彼女がどんなことを感じ、何を考えているかを感じ取ってみてください。

「愛されないのではないか、という不安を感じています。自分には価値がない、と考えているのです」

――その子の目の中を通って、自分に価値がないと思うようになった場面に行ってみてください。

「目の中に入ります。トンネルを通って、庭に出ました。三歳の小さな女の子が見えます。この女の子は私です」

――この子が、愛されないのではないかという不安を持つようになったきっかけの場面に行ってください。

「父が見えます。とても厳格です。私が裸になって庭を歩き回っているのを見て、ひどく怒っています。とてもこわい目をしています」

――お父さんをしっかり見てください。お父さんの目が見えますか?

「自分の娘が裸でいるのを見て、とまどっています。そして、とまどったことを恥じています」

――お父さんの目の中に入り、お父さんが恥の感情を持つようになったきっかけの場面にさかのぼってください。

「カップルが見えます。二人とも刺繍されたきれいな洋服を着ています。父は醜い老人で、そのそばにいる妻はとても若い女性です。あ、この女性は私です。その老人は、この女性と愛のないセックスをしています。彼は妻を愛しておらず、セックスはほとんど暴行に近い形です。妻は夫を嫌っています。夫はそのことに無関心です。感情がないのです」

――彼女は何を考えていますか？

「こんな男のセックスの相手をしているだけでは絶対に幸せになれない、と思っています。私の人生はもうおしまい、と感じています」

――あなたがこの経験から学んだことをよく思い出し、その女性に近づいて、愛を込めて心から話しかけてあげてください。

「彼女を抱いて、励ましてあげます」

――彼女に新しいシナリオを提供しましょう。彼女が得た経験とは別の経験をさせてあげるのです。

「まず、彼女に、夫に対する怒りから解放される方法を教えます。踊ったり、叫んだり、枕を叩いたりして、怒りを解消することを教えました。

次に、私が持っているのと同じ〈光の剣〉を渡します。そして、この剣を使えばすべてを変えられるということ、欲しい物はなんでも創り出せるということを教えてあげます。

彼女は、剣の先を壁に向けました。すると壁に扉が出来ました。その扉を開けて美しい青年が入ってきます。その青年は彼女を迎えに来たのです。二人は一緒に白い馬に乗って遠ざかってゆきます」

――二人が光に向かって進み、光と一体になるところを見てください。

それでは、自分の身体を感じ取ってください。そして、その身体の隅々にまで、馬に乗り、光に向かって駆けて行った二人の幸福感をしみわたらせてください。

この幸福感が強い光となって、あなたの中にある不安、自己嫌悪、自己無価値観をすべて消し去ります。魂から送られてくる無条件の愛が身体じゅうにあふれます。ガーディアン・スピリットとガイド・スピリットたちの熱い支援の思いを感じ取ってください。

今後は、どんなことがあっても〈光の剣〉で状況を変えてゆくことができます。

さあ、あなたの身体は目覚め始めています。そのことをくつろぎながらゆったりと感じてください。好きなだけ時間をかけて充分にそれを感じ取ってください。そうして、目を開ける準備ができたら、ゆっくりと目を開けてみましょう。

トンネルに入るところまではカセットテープに録音してあります。そして、あらかじめクライアントにそれを渡しておき、心身をリラックスさせる練習をしておいてもらいます。

何度も繰り返して練習してもらいますが、その際にクライアントは「ここにもっと時間をかけたい」と感じたところで自由にカセットを止め、その場面を心ゆくまで楽しんでいいのです。例えば、イルカと遊ぶ場面、島の家の場面、ガイド・スピリットたちとの対話の場面など、どこでも結構です。

こうして家で練習をしていただくと、実際のセッションにおいてはずっと早くトンネルまで行けるようになります。初めは三〇分もかかっていたのが、一〇分ほどで行けるようになるのです。

さらに、もうちょっと練習すれば、クライアントは自分で時間のトンネルを抜けて、癒しの必要な過去世の自分を発見できるようになります。ただし、強烈な感情のもつれをほぐす作業は、セラピストと一緒に行なった方がいいでしょう。

影の感情、影の領域を少しずつ意識化してゆくに従って自信がつき、クライアントは最良のセラピストともいうべきガイド・スピリットたちと一緒に、記憶の中にあるあらゆる洞窟を不安を感じずに訪ねることができるようになります。

その際に〈光の剣〉が心強い味方となるでしょう。〈光の剣〉が持っている、ものごとを変容させる力を体験すればするほど、その力に対する信頼が揺るぎないものとなってゆきます。

潜在意識への探検をより容易にするために、私はクライアントに自分で自分用のテープを作ることをお勧めしています。自分の趣味に合う言葉やイメージ、音楽を使うことによって、自分にぴったりくるテープを目的別に何本も作ることができるのです。

特に、自分自身の声を使うことは、セラピーの効果を上げるようです。というのも、心の病気の多くは、自分自身を愛せないことから生じる場合が多く、したがって、自分の声を聞き、その声を愛するということが、癒しを大いに促す結果になるのです。

訓練をある程度積めば、私たちにとっての最良のお医者さんとは、私たちの心の中に住んでいる内なるお医者さんであるということ、また、私たちに対して最も癒しの効果のある声は自分自身の声であるということが理解できるようになるでしょう。

こうしたスピリチュアル・サイコセラピーのプロセスには、教条主義的なものはいっさい含まれていません。そのプロセスは、とても自由でしなやかです。

その時々のインスピレーションに従って、思い通りに進めていいのです。いくらでも新しいことをして結構です。この本にあげた例を見れば分かるように、危険なところは一つもありません。

心の庭はどんな人でも持っています。しかし、その庭の様子はみなそれぞれ違います。ある人の庭は英国式庭園みたいだし、別の人の庭はオアシスのようであり、さらに別の人の庭は鬱《うっ》蒼《そう》とした森のように見えたりします。同様に、島の上に作る家もクライアントによって様々です。ある人はログハウスのような家を作りますし、ある人は水晶でできた宮殿のような家を作ります。

しかも、そうしたイメージは、クライアントの心の変化に従って、どんどん変化してゆくはずです。

私は、スイス人のある五〇代の公務員のことを思い出します。その男性は、最初は島に、自分の別荘とそっくりな家を作ったのでした。ところが、セラピーが進んで内面の世界が豊かに開花してくるにつれて、その別荘は徐々に大きくなってゆき、中世のお城のような塔、ローマ風の礼拝堂、豪華な遊戯室などが付け加えられていきました。

家の中の装飾もどんどん豪華になってゆき、また、ある窓からは海が、別の窓からはジャングルが、さらに別の窓からは雪を頂いた山が見える、という具合になっていきました。さらに材質も変化していきました。壁は透明な光で作られ、庭には芝の代わりに音楽が敷き詰められ、天井は収納式になって好きな時に星が見られるようになりました。

それは、このクライアントが、創造性を豊かに開発した結果です。ある日、彼は、私に向かってにこにこしながらこう言いました。「もし私の上司が私の心の中にある別荘のことを知ったら、きっと私は頭がおかしくなったに違いないと思うでしょうね。なにしろ、寝室の壁は光でできており、床にはイソギンチャクがびっしりと生え、照明はほのかに光を発する蘭だというのですからね！」

心の庭でのガイド・スピリットたちとの交流が深まれば深まるほど、私たちセラピストの出番がなくなってゆきます。クライアント自身の内なるガイドと叡智が、心の解放の作業を推し進めることになるからです。セラピストに対して依存することがなくなり、自分の心の健康を自分自身で管理することができるようになります。

常に〈内なる声〉に導かれるようになると、自分も他人も責めなくなり、不平不満を言わなくなり、他人に支配されることも、他人を支配することもなくなり、人生が愛と幸福とやすらぎに満ちるようになります。

# 訳者あとがき

ヨーロッパにおけるホリスティック医療の第一人者クリスチアン・タル・シャラー博士が書いた過去世セラピーの本『光の剣・遥かなる過去世への旅』を、このたびこうして日本の読者の皆様にお届けできることを心の底から嬉しく思います。

クリスチアンはフランスで生まれ、スイスで育てられました。

小さい頃から、天使たちや妖精たちと話をしたり、遊んだりしていました。小学校に入った時、ふと同級生にそのことを話したところ、みんなからさんざんバカにされてとてもつらい思いをしたので、天使たちや妖精たちに「もうボクのところには来ないで」と言ってしまいました。その結果、天使も妖精も来なくなりました。

それ以来、クリスチアンはちょっと淋しげな、勉強ばかりする、頭でっかちの男の子になってしまったのです。

大学は医学部に進み、非常に優秀な成績で医学部を卒業しました（三二科目のうち、三〇科目でトップを取ったということです）。しかし、皮肉なことに、大学卒業後に大病にかかり、自分が一生懸命学んだ西洋医学がまったく無力であることを思い知らされました。

そのため、〈代替医療〉の分野に目を向け、ありとあらゆる代替医療を学びました。世界じゅうの〈伝統医療〉も学びました。その過程で、みずから過去世セラピーを受け、〈変性意識状態〉になることによって、かつての友だちだった天使たちや妖精たちとの再会を果たしました。また、シャーマニズムを学んでシャーマンの資格を取り、さらにアメリカのモンロー研究所で研修を受けたことをきっかけとして、本格的にガーディアン・スピリットやガイド・スピリットたちとのコンタクトが始まりました。

一方、アメリカのジョージア州アトランタにあるパトリシア・ヘイズ経営の直観養成学校で、チャネリング、ヒーリング、自動書記、インスピレーションによる描画などの霊的技法を学びました。

さらに霊界に住む医師のロー・ファンから、「潜在意識にあるブロックを解除してハイアー・セルフと交流できるようになるための、非常に効果的で即効性のあるスピリチュアル・サイコセラピーの技法」を教えてもらいました。それが、本書で紹介されている過去世セラピーだったのです。

この過去世セラピーの最大の特徴は、クライアントが〈光の剣〉をたずさえ、ガーディアン・スピリットやガイド・スピリットたちとチームを組んで過去世におもむく、という点です。

〈変性意識状態〉に入ったクライアントは、まず心の中にある庭に行きます。そして、そこでガーディアン・スピリットやガイド・スピリットたちと会い、彼らと一緒に「あらゆる生命の源泉である〈光〉」のもとに行くのです。

次いで〈光〉の中に入ったクライアントは、そこで一振りの万能の剣、〈光の剣〉を与えられます。この剣は、映画『スター・ウォーズ』に出てくるライト・セーバーに似ていますが、ライト・セーバーが〈戦いのための剣〉であるのに対して、〈光の剣〉はあくまでも〈癒しのための剣〉、〈自己変容のための剣〉なのです。

この剣の先を前方に向けると、そこからレーザー光線のような光がほとばしりますので、その光についてゆくと、あっという間に、今世の病気や不調や苦しみの原因となった過去世の場面に到着します。

私たちは、過去において無数の転生を経験していますが、その過去世において、素晴らしいことをたくさん経験している一方で、数々のトラウマも経験しているのです。そのトラウマは、愛の光によって照らされて解決されない限り、私たちの人生にいつまでも暗い影響を与えます。

クリスチアン・タル・シャラー博士の過去世セラピーでは、〈光の剣〉の癒しの力と、スピリチュアルな友人たちとの協力によって、実にすみやかにそうしたトラウマを解消することができます。過去世でのトラウマが解消されると、当然、今世の問題も自動的に解消されてしまいます。

この本には、博士が過去三〇年にわたって扱った過去世セラピーの症例の中から、特に興味深いものが集められています。それらの〈冒険物語〉を読むと、たとえば『スター・ウォーズ』や『ロード・オブ・ザ・リング』、『キング・アーサー』などの冒険物語は、すべて〈心の中の冒険〉を外界に映し出したものに他ならない、ということがはっきりと分かります。ルーク・スカイウォーカー、フロドやサム、アーサー王の冒険に匹敵する、いやそれ以上の〈冒険〉を、私たちは過去世においても今世においても心の中で経験しているのです。

博士のクライアントと一緒にこうした冒険を楽しんでいるうちに、「私たちはどこから来て、どこに行くのか?」「私たちは何のために生きるのか?」「人生という旅の真の目的は何なのか?」「本物の愛とは何か?」「本当の幸福とは何なのか?」ということを私たちはおのずと悟ることになるでしょう。

最後に、本書から、クリスチアン・タル・シャラー博士の次の言葉を引用しておきます。

「私がこの本を書いたのは、人々の反対を押しきってアメリカ大陸を探しに行ったコロンブスのように、二一世紀を開くための大冒険に出かける覚悟のできている人たちのためです」

浅岡夢二

◇著者◇
クリスチアン・タル・シャラー（Christian Tal Schaller, M.D.）
1944年、フランス生まれ。医学博士。ヨーロッパにおけるホリスティック医療の第一人者にして、過去世療法を得意とするサイコセラピスト。「健康は学べる」をモットーに自身の総合医療センターを運営しており、30年以上にわたって〈優しい医療〉を実践し、西洋医学が解決できない苦しみから多くの人々を解放してきた。また、アメリカのモンロー研究所で体得した変性意識状態を通して受け取ったスピリチュアルなメッセージを紹介した著書もあり、20数冊に及ぶ著書は、すべて、ホリスティック医療の分野における現代の古典となっている。
http://www.santeglobale.info/

◇訳者◇
浅岡夢二（あさおか・ゆめじ）
1952年生まれ。慶應義塾大学文学部仏文学科卒業。明治大学大学院博士課程を経て中央大学法学部助教授。専門はシャルル・ボードレール、アラン・カルデック、リズ・ブルボーを始めとする、フランスおよびカナダ（ケベック州）の文学と思想。現在、人間の本質（＝エネルギー）を基礎に据えた「総合人間学（＝汎エネルギー論）」を構築中。フランス語圏におけるスピリチュアリズム関係の文献や各種セラピー・自己啓発・精神世界関連の文献を精力的に翻訳・紹介している。訳書に『ジャンヌ・ダルク 失われた真実』『LISTEN TO YOUR BODY〈からだ〉の声を聞きなさい』（ハート出版）がある。

光の剣・遥かなる過去世への旅

平成16年11月25日　　第1刷発行

著　者　クリスチアン・タル・シャラー
訳　者　浅岡夢二
装　幀　日比野智代（デザイン スタジオ・ブルーベリー）
発行者　日高裕明
発　行　株式会社ハート出版
〒171-0014 東京都豊島区池袋3-9-23
TEL03-3590-6077　FAX03-3590-6078
ハート出版ホームページ　http://www.810.co.jp

乱丁、落丁はお取り替えします。その他お気づきの点がございましたら、お知らせください。

ISBN4-89295-502-7
印刷・製本 中央精版印刷株式会社

## ハート出版のスピリチュアル・シリーズ

【新装版】自分のための霊学のすすめ

### 人はなぜ生まれ いかに生きるのか

江原啓之 著　本体 1300 円

ISBN4-89295-497-7

【新装版】古代霊シルバーバーチ不滅の真理

### シルバーバーチのスピリチュアル・メッセージ

T・オーツセン 編　近藤千雄 訳　本体 1300 円

ISBN4-89295-489-6

崇高な存在との対話

### シルバーバーチのスピリチュアルな生き方 Q&A

S・バラード、R・グリーン 著　近藤千雄 訳　本体 1300 円

ISBN4-89295-496-9

LISTEN TO YOUR BODY リッスン・トゥ・ユア・ボディ

### 〈からだ〉の声を聞きなさい

リズ・ブルボー 著　浅岡夢二 訳　本体 1500 円

ISBN4-89295-456-X

聖書が書かなかった生と死の真実

### イエス・キリスト 失われた物語

F・V・ロイター 著　近藤千雄 訳　本体 1500 円

ISBN4-89295-486-1

天使の"声"に導かれた少女

### ジャンヌ・ダルク 失われた真実

レオン・ドゥニ 著　浅岡夢二 訳　本体 1500 円

ISBN4-89295-468-3

「臨死体験」を超える

### 死後体験

「臨死体験」を超える

### 死後体験Ⅱ

坂本政道 著　各巻とも本体 1500 円

ISBN4-89295-478-0
ISBN4-89295-465-9

死の「壁」を超える

### SUPER LOVE スーパー・ラブ

坂本政道 著　本体 1300 円

ISBN4-89295-457-8